「総合的な学習の時間」

の理論と実際

土屋　修著

学術図書出版社

〇　はじめに

　平成 10 年の頃の私は，教師として小学校に勤務していました。平成 10 年（1998年）の学習指導要領で新設された「総合的な学習の時間」に，心を躍らせたことを，今でもはっきりと覚えています。

　「今度新しく設けられる『総合的な学習の時間』は何をやってもいいんだって！」

　この言葉は職員室のあちらこちらで聞かれた言葉です。後になって知ったのですが，"何をやってもいい" ということで，その内容や実施の仕方に戸惑った学校や先生が多かったそうです。私は恵まれていたのだと思います。私の周りで "困った" と言っていた先生はいなかったように思います（私が鈍感なのかもしれませんが）。いずれにせよ，本文にも書きましたが，「総合的な学習の時間」の新設は現場の先生方に大きな反響がありました。「総合的な学習の時間」に関係する参考書は山のように出版され，書店に行くと壁一面が「総合的な学習の時間」関連の本で埋め尽くされていました。そして私は，平成 10 年の学習指導要領や参考書を読みあさり，教材探しの旅に出かけました。旅というと大げさですが，時間を見付けては県内外を歩き回りました。

　現在の私は，教職を目指している大学生に「総合的な学習の時間の指導法」を教えています。そこで，あることに驚かされています。それは，「総合的な学習の時間の指導法」の最初の講義で，学生たちに向けて，自分が小学生あるいは中学生のときに受けてきた「総合的な学習の時間」の思い出を聞くと，"楽しかった，心に残っている" と答える学生と，"何をやったのか覚えていない" と答える学生とに二極化がされているのです。覚えていないことが充実していなかったということではないでしょうが，自分自身が充実した「総合的な学習の時間」を受けていない学生をこのままにしておいたら，その学生は教師になったときに，自分が受けてきたような充実していない「総合的な学習の時間」を子供たちと過ごしてしまうのではないかと心配になります。

　本書は，最初に，平成 29 年告示の学習指導要領と本書の関連を示しました。真剣に子供たちに向き合っている小学校，中学校の先生方に役立てていただけると思います。また，理論と実践を身に付けさせることをねらった大学の教職課程を編成する際の参考指針「教職課程コアカリキュラム」と本書の関連も示しました。教師になることを目指し熱心に勉強をしている大学生向けの講義にも役立てていただけると思います。

　本文の前半（第 1 章〜第 4 章）は理論編です。やや硬い話ですが，筆者の小学校や中学校での在職経験を生かして，誰もが読みやすいように分かりやすく記述しました。また，重点と思われる内容についての理解を深められるよう，各章末に問題を設けました。

　そして，後半（第 5 章）が実践編です。平成 10 年当時の私が，旅の成果をまとめ作り上げて実践したものを現在の「総合的な学習の時間」に準じて書き直してみました。作成にあたっては，私にとっても大変勉強になりました。

多くの人にお読みいただき，子供たちが楽しみにする「総合的な学習の時間」が全国で展開され，自らの手で明るい未来を築き上げることのできる子供たちが育成されることを願ってやみません。

　終わりに，「総合的な学習の時間」の新設に備え，時間が経つのも忘れ教材づくりに共に励んだ丸山恵先生，樋口（旧姓：長谷）和恵先生並びにそれを支えてくださった当時の職員や子供たち，保護者の皆様に敬意を表するとともに，本書を刊行するにあたり，多大なご理解とご支援をくださった高橋秀治氏，石黒浩之氏はじめ学術図書出版社の皆様に心より御礼を申し上げます。

　2020 年 12 月

土屋 修

目　次

第１章　「総合的な学習の時間」の胎動　　　　　　　　　　　　1

第２章　「総合的な学習の時間」の誕生＜平成 10 年（1998 年）＞　　　10

第３章　「総合的な学習の時間」の充実＜平成 20 年（2008 年）＞　　　21

第4章 「総合的な学習の時間」の発展＜平成29年(2017年)＞　　28

第5章 「総合的な学習の時間」の実際　　66

○　学習指導要領と本書の関連

　学習指導要領について，本章で学習できる箇所は下表のとおりです。学習指導要領については，『学習指導要領解説 総合的な学習の時間編』の目次を参考にして対応させています。

学習指導要領（『学習指導要領解説 総合的な学習の時間編』）	本書
第 1 章　総　説	第 1 章～第 3 章
第 2 章　総合的な学習の時間の目標 　第 1 節　目標の構成 　第 2 節　目標の趣旨	第 4 章　第 1 節 　　　　　第 2 節
第 3 章　各学校において定める目標及び内容 　第 1 節　各学校において定める目標 　第 2 節　各学校において定める内容 　第 3 節　各学校において定める目標及び内容の取扱い	第 4 章　第 2 節 　　　　　第 3 節
第 4 章　指導計画の作成と内容の取扱い 　第 1 節　指導計画の作成に当たっての配慮事項 　第 2 節　内容の取扱いについての配慮事項	第 4 章　第 3 節 　　　　　第 4 節
第 5 章　総合的な学習の時間の指導計画の作成 　第 1 節　総合的な学習の時間における指導計画 　第 2 節　各学校において定める目標の設定（中学校は，目標） 　第 3 節　各学校が定める内容とは 　第 4 節　全体計画の作成	第 4 章　第 2 節 　　　　　第 3 節 　　　　　第 4 節
第 6 章　総合的な学習の時間の年間指導計画及び単元計画の作成 　第 1 節　年間指導計画及び単元計画の基本的な考え方 　第 2 節　年間指導計画の作成 　第 3 節　単元計画の作成 　第 4 節　年間指導計画・単元計画の運用	第 4 章　第 4 節 第 5 章　第 1 節
第 7 章　総合的な学習の時間の学習指導 　第 1 節　学習指導の基本的な考え方 　第 2 節　探究的な学習の過程における「主体的・対話的で深い学び」 　第 3 節　探究的な学習の指導のポイント	第 4 章　第 5 節 第 5 章　第 2 節
第 8 章　総合的な学習の時間の評価 　第 1 節　学習評価の充実 　第 2 節　児童（中学校は，生徒）の学習状況の評価 　第 3 節　教育課程の評価	第 4 章　第 6 節
第 9 章　総合的な学習の時間を充実させるための体制づくり 　第 1 節　体制整備の基本的な考え方 　第 2 節　校内組織の整備 　第 3 節　年間授業時数の確保と弾力的な授業時数の運用 　第 4 節　環境整備 　第 5 節　外部との連携の構築	第 4 章　第 7 節

〇 教職課程コアカリキュラムと本書の関連

　理論と実践の両面が求められる大学の教職課程を編成する際の参考指針「教職課程コアカリキュラム」の到達目標を達成するために，本書で学習できる箇所は下表のとおりです。

教職課程コアカリキュラム	本書
全体目標：総合的な学習の時間は，探究的な見方・考え方を働かせ，横断的・総合的な学習を行うことを通して，よりよく課題を解決し，自己の生き方を考えていくための資質・能力の育成を目指す。 　各教科等で育まれる見方・考え方を総合的に活用して，広範な事象を多様な角度から俯瞰して捉え，実社会・実生活の課題を探究する学びを実現するために，指導計画の作成および具体的な指導の仕方，並びに学習活動の評価に関する知識・技能を身に付ける。 ＊ 養護教諭及び栄養教諭の教職課程において「道徳，総合的な学習の時間及び特別活動に関する内容を開設する場合は，（1）（2）を習得し，そこに記載されている一般目標と到達目標に沿ってシラバスを編成する。なお，その場合は学習指導要領の内容を包括的に含むこと。	
（1）総合的な学習の時間の意義と原理 一般目標：総合的な学習の時間の意義や，各学校において目標及び内容を定める際の考え方を理解する。	
到達目標：1）総合的な学習の時間の意義と教育課程において果たす役割について，教科を越えて必要となる資質・能力の育成の視点から理解している。	第1章〜第3章 第4章　第1節 　　　　第2節
2）学習指導要領における総合的な学習の時間の目標並びに各学校において目標及び内容を定める際の考え方や留意点を理解している。	第4章　第2節 　　　　第3節
（2）総合的な学習の時間の指導計画の作成 一般目標：総合的な学習の時間の指導計画作成の考え方を理解し，その実現のために必要な基礎的な能力を身に付ける。	
到達目標：1）各教科等との関連性を図りながら総合的な学習の時間の年間指導計画を作成することの重要性と，その具体的な事例を理解している。	第4章　第4節
2）主体的・対話的で深い学びを実現するような，総合的な学習の時間の単元計画を作成することの重要性とその具体的な事例を理解している。	第4章　第4節 第5章　第1節
（3）総合的な学習の時間の指導と評価 一般目標：総合的な学習の時間の指導と評価の考え方および実践上の留意点を理解する。	
到達目標：1）探究的な学習の過程及びそれを実現するための具体的な手立てを理解している。	第4章　第5節 　　　　第7節
2）総合的な学習の時間における児童及び生徒の学習状況に関する評価の方法及びその留意点を理解している。	第4章　第6節 第5章　第2節

第 1 章

「総合的な学習の時間」の胎動

　我が国の教育の歴史を振り返るとき，その出発点をどこに定めるかは，まるで大河の源流を見極めるがごとく難解です。制度という面から考えれば，明治 5 年（1872 年）の学制を挙げる人もいるでしょうが，寺子屋や藩校などはそれ以前よりありました。いずれにせよ，今から 150 年も昔の話ですから，日本人が教育に熱心だったことは確かなようです。

　その長い歴史の中には大きな転換点がいくつかありますが，最も大きな転換点である「終戦」を境として，まずは，戦後の教育の移り変わりについて，学習指導要領を紐解くことにします。

　学習指導要領には，教育内容の基準が示されています。何年生で何をどのくらい学ばせるかという基準です。この基準があるから，日本中どこへ行っても同じ水準の教育が受けられるわけです。

　これから考察を始める「総合的な学習の時間」は，突如現れたものではありません。本章では，戦後の学習指導要領の変遷についてまとめました。読み進めていくと教育という大河のうねりの様子が分かります。

　「総合的な学習の時間」が誕生する平成 10 年以前の学習指導要領について，その特徴や社会的背景について触れてみます。「総合的な学習の時間」が誕生する平成 10 年が近づくにつれ，「総合的な学習の時間」が必要とされた理由，つまり，そのときの社会に必要とされた資質や能力が見えてきます。

第 1 節　生活単元学習時代＜昭和 22・26 年（1947・1951 年）＞

　我が国初の学習指導要領が試案として発表されました。太平洋戦争が終わったのが，昭和 20 年（1945 年）ですから，わずか 2 年後のことです。当時日本は，連合国の占領下にあったため，この学習指導要領はアメリカから呼び寄せられた教育使節団の指南を受け作成されました。

1　学習指導要領が求めたもの

　昭和22年に発表された学習指導要領一般編（試案）の序論に，次のような記述（一部抜粋）があります。

昭和22年の学習指導要領

> 　目標に達するためには，その骨組みに従いながらも，その地域の社会の特性や，学校の施設の実情やさらに児童の特性に応じて，それぞれの現場でそれらの実情にぴったりした内容を考え，その方法を工夫してこそよく行くのであって，ただあてがわれた型のとおりやるのでは，かえって目的を達するに遠くなるのである。（中略）これからの教育が，ほんとうに民主的な国民を育てあげて行こうとするならば，まずこのような点から改められなくてはなるまい。

　十分な時間もない中で作られた昭和22年に発表された学習指導要領一般編（試案）は，昭和26年に学習指導要領一般編（試案）改訂版として発表されました。次の文章はその序論の全文です。

昭和26年の学習指導要領

> 　各学校は，その地域の事情や，児童生徒の興味や能力や必要に応じて，それぞれの学校に最も適した学習指導の計画をもつべきである。学習指導要領は，学校における指導計画を適切ならしめるために，これによい示唆を与えようとする考えから編修されたものである。
> 　学習指導要領は，どこまでも教師に対してよい示唆を与えようとするものであって，決してこれによって教育を画一的なものにしようとするものではない。教師は，学習指導要領を手びきとしながら，地域社会のいろいろな事情，その地域の児童や生徒の生活，あるいは学校の設備の状況などに照らして，それに応じてどうしたら最も適切な教育を進めていくことができるかについて，創意を生かし，くふうを重ねることがたいせつである。

　民主的で平和な国家を創るために，教育の果たす役割がいかに大きいかが，これらの序論から読み取れます。地域社会や児童生徒の実態に合わせるという言葉に，およそ70年前の文章とは思えないほどの新鮮味を感じます。

2　経験主義が反映された学習指導要領

　昭和22・26年に発表された学習指導要領一般編（試案）は，「問題解決学習」「生活単元学習」と呼ばれる教育方法がとられ，理論よりも自己の経験知を優先する経験主義が強く反

映されたものでした。この経験主義を唱えたのはアメリカの哲学者でもあり教育学者でもあったデューイです。デューイはシカゴ大学に「実験学校」を設立して，自身の教育理論を検証しました。デューイの理論は，経験を重視しながらも哲学的な側面をもっていました。そのことが難解であったため，多くの実践が行き過ぎた児童中心主義となり経験主義イコール学力低下という認識を当時の教育界に与えることになってしまいました。

第2節　系統学習時代＜昭和33年（1958年）＞

昭和26年（1951年），日本政府は「サンフランシスコ講和条約」に調印し，翌年の昭和27年（1952年），日本は国家としての全権を回復しました。その後の昭和33年（1958年）の学習指導要領は，「問題解決学習」「生活単元学習」等の問題を受け，我が国独自の立場で作られました。

なお，学校教育法施行規則の一部改正により学習指導要領は教育課程の基準として文部大臣（現，文部科学大臣）が公示をするようになったことで，このときから法的拘束力をもったものになりました。

昭和33年の学習指導要領

1　道徳教育の充実

戦前の道徳教育であった修身が昭和22年の学習指導要領一般編（試案）で廃止され，新たな道徳教育を充実させるために，週1時間の「道徳」の時間が新設されました。道徳教育については，総則に次のような記述（一部抜粋）があります。

> 道徳教育の目標は，教育基本法および学校教育法に定められた教育の根本精神に基く。すなわち，人間尊重の精神を一貫して失わず，この精神を，家庭，学校，その他各自がその一員であるそれぞれの社会の具体的な生活の中に生かし，個性豊かな文化の創造と民主的な国家および社会の発展に努め，進んで平和的な国際社会に貢献できる日本人を育成することを目標とする。
>
> 道徳の時間においては，各教科，特別教育活動および学校行事等における道徳教育と密接な関連を保ちながら，これを補充し，深化し，統合し，またこれとの交流を図り，児童（中学校は，生徒）の望ましい道徳的習慣，心情，判断力を養い，社会における個人のあり方についての自覚を主体的に深め，道徳的実践力の向上を図るように指導するものとする。
>
> 　（中学校は，続けて最後に次の文章があります。）
> 道徳の時間における指導は，学級担任の教師が担当することを原則とする。

　道徳的な判断力，心情，実践意欲と態度の育成という現在の道徳教育の目標が，新設当時から不易な価値として引き継がれてきたということが注目に値します。また，新設だからでしょうか，中学校の最後に，教科のように教科担任が行うものではないという注意書きがあるのが興味深いです。

2　学力の向上

　学力低下の原因とされた経験主義の考え方を廃し，系統性を重視いわゆる系統主義の考え方をもとに内容を構成することで，学力の回復をねらいました。系統主義は経験主義の対極的な考え方と捉えられがちですが，どちらの考え方も他方の考え方を完全に排除しているわけではありません。特に，学習指導の拠り所である学習指導要領にあっては尚更です。系統主義の考え方のもとで作成された昭和33年の学習指導要領総則の「第2 指導計画作成および指導の一般方針」に『**相互の関連を図り，全体として調和の取れた指導計画を作成するとともに，発展的，系統的な指導を行うことができるようにしなければならない**』という記述に加えて『**指導を能率的，効果的にするためには，児童（中学校は，生徒）の発達段階や経験を理解すること**』という記述があります。系統的であっても経験を重要視していることが読み取れます。

　学力の回復を図る方法として，教科の授業時数も明確に規定されました。授業時数が規定されているのは，現在では当たり前のことですが，驚くことに昭和26年の学習指導要領一般編（試案）では，各教科全国一律の一定した動かしがたい時間を定めることは困難であるとして，例えば，小学校1・2年生では国語と算数で合わせて全体の40%～45%と記され，さらに，これは目安であって各学校が忠実に守ることを要求するものではなく，各学校が実情に合わせて決めればよいと書かれていたのです。

第3節　教育の現代化時代＜昭和43年（1968年），中学は翌年＞

　経験を踏まえた上での系統主義で作成された昭和33年（1958年）の学習指導要領は，一方の考え方に偏りすぎていないため，我が国の教育方法として馴染みやすかったようです。これで学校現場も落ち着いたかのように思えたのですが，世界ではとんでもない出来事が起きていました。

昭和43年（中学は44年）の学習指導要領

1 スプートニク・ショック

スプートニク1号

　スプートニクとは，ソヴィエト社会主義共和国連邦（ソ連，現在のロシア）の人工衛星の名称です。今の時代では，地球の周りには何千もの人工衛星が飛び回り，スマホや携帯，カーナビなどで威力を発揮していますが，この人工衛星の打ち上げに世界で初めて成功したのがソ連だったのです。昭和32年（1957年）10月のことでした。

　太平洋戦争終結後，アメリカとソ連は冷戦状態であり，思いもよらぬソ連の"人工衛星打ち上げ成功"のニュースはアメリカに大きな衝撃を与えました。これを「スプートニク・ショック」といいます。アメリカのNASA（アメリカ航空宇宙局）の誕生のきっかけになったともいわれています。これを機会にアメリカは，科学技術の発展に力を大きく注いでいくことになりました。

2 理数科教育の充実

ブルーナー著
『教育の過程』

　アメリカの心理学者 J.S.ブルーナーは，「どの教科でも，知的性格をそのままにたもって，発達のどの段階のどの子供にも効果的に教えることができる」という仮説を昭和34年（1959年）にウッズホールで開催された全米科学者会議で提唱し，後に『教育の過程』という本にまとめています。我が国においてもアメリカに倣い，科学技術教育の振興が重要課題となり，とりわけ理数科教育に力が注がれました。

　この J.S.ブルーナーの仮説を拠り所とした昭和43年（1968年）（中学校は翌年）の学習指導要領は，教育の現代化といわれ，戦後最も難度の高いものとなり，小学校や中学校の学習内容は相当難しくなりました。中学校が完全実施されたのは昭和47年度（1972年度）で，筆者が中学2年生のときでした。

　次ページの写真は筆者が当時使っていた教科書です。中学3年の教科書（写真右側）には，現在なら高等学校で習う「3次関数」などがあります。

　難度の高い内容だったため，学習内容を理解できなかったり，それにより学校嫌いになったりした児童生徒が続出しました。よい言葉ではありませんが，『落ちこぼれ』や『登校拒否（現，不登校）』という言葉が登場したのも，この頃のようです。

学習内容を難しいと感じたのは児童生徒だけではありませんでした。教師にとっても指導したことのない内容でしたので，指導方法が分からず，そのことも児童生徒の理解不足の原因になったことは否めなかったようです。

大日本図書 中学校
左は新数学 2年（表紙） 右は新数学 3年（p.109）

第4節 基礎基本時代＜昭和52年（1977年）＞

『落ちこぼれ』や『登校拒否』の増加という学校現場の混乱を収束するために，学習内容はかなり基本的なものになりました。内容が基本的になっただけでなく，量もかなり減りました。昭和33年（1958年）と昭和43年（1968年）（中学は翌年）の学習指導要領はそれぞれ200ページ以上ありましたが，昭和52年（1977年）の学習指導要領はおよそ100ページ，半分の厚さになりました。

昭和52年の学習指導要領

1 知・徳・体の調和のとれた人間性豊かな児童生徒の育成

「知」ばかりに重点が置かれがちであった学校教育に対して，「徳（道徳）」「体（体育）」の重要性を訴えるために，学習指導要領の総則の冒頭で「徳（道徳）」「体（体育）」に関し次のように記述されました。

内容的には，これまでの道徳や体育を踏襲していますが，教師と子供及び子供同士の人間関係を重要視することや，日常生活につながるような指導に努めることが記述されている点が注目に値します。

> 学校において道徳教育を進めるに当たっては，教師と児童（中学校は，生徒）及び児童（中学校は，生徒）相互の人間関係を深めるとともに，家庭や地域社会との連携を図りながら，日常生活の基本的行動様式をはじめとする道徳的実践の指導を徹底するよう配慮しなければならない。（第1章総則2 一部抜粋）

> 　学校における体育に関する指導は，学校の教育活動全体を通じて適切に行うものとする。特に，体力の向上及び健康・安全の保持増進については，体育科（中学校は，保健体育科）の時間はもちろん，特別活動などにおいても十分指導するように努めるとともに，それらの指導を通して，日常生活における適切な体育的活動の実践が促されるよう配慮しなければならない。（第1章総則3）

　原因は様々でしょうが，昭和の終わりの頃は，あちこちの学校現場が荒廃しました。知・徳・体の調和のとれた人間性豊かな児童生徒の育成を図ることが急務な時期でした。

2　ゆとりと充実

　過度の学習内容と学習時間から子供たちを解放しようと，学習内容は基礎基本に限り，授業時数の削減も行われました。この学習指導要領が完全実施されたのは，小学校は昭和55年（1980年），中学校はその翌年ですから，昭和43年度生まれの人であれば中学校から，昭和48年度生まれの人であれば小学校から該当します。一般に「ゆとり教育」や「ゆとり世代」というと，平成10年告示の学習指導要領を指していると考えられがちです。それは誤りではありませんが，「ゆとり教育」や「ゆとり世代」の始まりは，この昭和52年（1977年）の学習指導要領です。「第1次ゆとり教育」や「第1次ゆとり世代」といってもよいかもしれません。

第5節　個性化・多様化時代＜平成元年（1989年）＞

　この頃の日本は，株式や不動産価値が過度に高騰した好景気，いわゆる「バブル景気」の状況下にありました。バブルとは"泡"という意味です。株式や不動産価値の高騰が実体経済を伴わないものだったことから，そのように名付けられたようです。そのような社会状況も後押しし，情報化，国際化，価値観の多様化など社会の変化は進み，そのことを受け，昭和62年12月，教育課程審議会は「幼稚園，小学校，中学校及び高等学校の教育課程の基準の改善について」の答申を行いました。ここでは，21世紀を目指し，社会の変化に自ら対応できる心豊かな人間の育成を図ることをねらい，「自ら学ぶ意欲と

平成元年の学習指導要領

社会の変化に主体的に対応できる能力の育成」などが教育課程の基準の改善方針として示されました。平成元年の学習指導要領の総則の「第1 教育課程編成の一般方針」の中に，次のような記述（一部抜粋）があります。

> 学校の教育活動を進めるに当たっては，<u>自ら学ぶ意欲と社会の変化に主体的に対応できる能力</u>の育成を図るとともに，基礎的・基本的な内容の指導を徹底し，個性を生かす教育の充実に努めなければならない。（下線は筆者）

1 新しい学力観

　総則で示された「自ら学ぶ意欲」や「社会の変化に主体的に対応できる能力」が新しい学力（観）です。これまでは，学力イコール知識の量という考え方が一般的でした。しかし，社会が変化をする中においては，インプットとアウトプットが同じであるような旧来の学力では，社会の変化には対応できません。そこで，対応できる能力すなわち思考力や問題解決能力を重要視しようというのが新しい学力観です。

　学力に対する考え方が変わったのですから，当然指導の在り方も変えなくてはなりません。当時，文部省が刊行した「我が国の文教施策　生涯学習社会の課題と展望―進む多様化と高度化―」に次のような記述（一部抜粋）があります。

我が国の文教施策
平成8年度

> 　現行学習指導要領の趣旨を実現するためには，自ら学ぶ意欲や思考力，判断力，表現力などの資質や能力を重視する学力観に立って，学習指導の工夫改善を図ることが重要である。学校においては，子どもたち一人一人が自らのよさや可能性を発揮して様々な対象に進んでかかわり，自分の課題を見付け，主体的に考えたり，判断したり，表現したりして解決するような学習活動を積極的に展開し，それを適切に支援していくことが求められる。
> 　各学校においては，このような考え方に立ち，個に応じた指導の充実，体験的な学習や問題解決的な学習の工夫，ティーム・ティーチングなど協力的な指導の推進等，学校の実態等に応じた種々の工夫改善が進められている。

　学校現場には，受け身的でない子供自らが学び考えるような指導法が求められました。抜粋の中にあるように，教師の役割は「指導」から「支援」へと軸足が変わったのですが，積極的に関わるのが「指導」で，関わらないのが「支援」というように間違った認識があったのも事実です。

　小学校低学年に「生活科」が新設され，中学校では選択教科の拡充が図られたのは，新しい学力観に基づいたものです。

2 評価の難しさ

　学力観が変われば指導観が変わり，そして評価観が変わります。自ら学ぶ意欲が重要視されたことから，前回の指導要録の改訂で評価項目に追加された「関心・態度」が，今回の改訂で「関心・意欲・態度」として評価の観点の筆頭に挙げられました。しかし，何をもって「関心・意欲・態度」を評価するのか，授業中の挙手の回数なのか，あるいはノートの提出の回数なのか，現場では試行錯誤の連続でした。果たして挙手をしている子供が積極的で，挙手をしていない子供が消極的なのでしょうか。挙手をしていなくても頭の中では目まぐるしく思考が回転している子供もいるでしょうし，その逆もあるでしょう。

　評価には公正さと公平さが求められます。どの評価の観点も安易なものはありませんが，とりわけ「関心・意欲・態度」の評価は難しいものでした。また，「関心・意欲・態度」の評価ばかりに気をとられていることによる学力低下も心配されました。加えて「思考力・判断力・表現力」の評価も難しく，新しい学力観については，理念は素晴らしいものの，それが身に付いたかどうかの評価については課題が残る結果となりました。

＜章末問題＞

【1－1】　戦後わずか 2 年で教育の基準である学習指導要領が定められたのはなぜですか。

【1－2】　経験主義とは，どのような考え方ですか。

【1－3】　系統主義とは，どのような考え方ですか。

【1－4】　「教育の現代化」とは何ですか。また，それが起こったのはなぜですか。

【1－5】　昭和 52 年（1977 年）の学習指導要領が基礎的基本的な内容に限られたのはなぜですか。

【1－6】　「新しい学力観」とは，どのような学力観ですか。

第2章

「総合的な学習の時間」の誕生
＜平成10年（1998年） 学習指導要領＞

　いよいよ「総合的な学習の時間」の誕生です。どのような経緯で，何のために誕生したのでしょうか，これは，激動の社会の中での出来事です。第1章を踏まえ，「総合的な学習の時間」を点で捉えるのではなく，大きな流れの中で捉え，誕生の必然性を知ることは，「総合的な学習の時間」のねらいをより正しくそして深く理解することになり，充実した実践を行うことにつながります。

第1節　「生きる力」と「総合的な学習の時間」

　平成7年に文部大臣から「21世紀を展望した我が国の教育の在り方」について諮問を受けた中央教育審議会は，平成8年7月19日に第一次答申を行いました。

　その中で，これからの社会の展望については，モノの豊かさを得たものの，心の豊かさなど多様な価値観や自己実現を求めるようになってきていること，経済の高度成長に深く関わった終身雇用制度や年功序列主義という日本型雇用システムが揺らいできていること，また，かつて経験したことのないような少子・高齢化社会を迎えようとしていること，さらに地球規模では，環境問題，エネルギー問題など人類の生存基盤を脅かす問題も生じてきていることを踏まえ，変化の激しい，先行き不透明な，厳しい時代と考えておくべきであると述べられています。

　この第一次答申において，「生きる力」や「総合的な学習の時間」の誕生の必要性が，理路整然と述べられています。答申の中に書かれていることを参考及び引用しながら，それらについて詳しく考察していきます。

1 「生きる力」

「生きる力」という言葉は，この中央教育審議会の第一次答申で初めて使われました。変化の激しい，先行き不透明な，厳しい時代にあっては，新しい学力観で述べたような「インプット＝アウトプットではない学力観」さえもさらに進化させる必要があり，入手した知識や情報を使って，もっと価値ある新しいものを生み出す創造性が強く求められるようになりました。そのために，これからの子供たちに必要なものとして，次の3点が示されました。

○　いかに社会が変化しようと，自分で課題を見つけ，自ら学び，自ら考え，主体的に判断し，行動し，よりよく問題を解決する資質や能力

○　自らを律しつつ，他人とともに協調し，他人を思いやる心や感動する心など豊かな人間性

○　たくましく生きるための健康や体力

これらの資質や能力を，変化の激しいこれからの社会を「生きる力」と称し，バランスよくはぐくんでいくことが重要であると提言されました。

2 「総合的な学習の時間」の誕生

子供たちに「生きる力」をはぐくむためには，学校だけでなく行政の努力，保護者や地域の人々など全ての大人一人一人の実行に関わっていると答申では述べています。学校教育の在り方については，次のように記述（一部抜粋）されています。

> ［生きる力］が全人的な力であるということを踏まえると，横断的・総合的な指導を一層推進し得るような新たな手だてを講じて，豊かに学習活動を展開していくことが極めて有効であると考えられる。
> 　今日，国際理解教育，情報教育，環境教育などを行う社会的要請が強まってきているが，これらはいずれの教科等にもかかわる内容を持った教育であり，そうした観点からも，横断的・総合的な指導を推進していく必要性は高まっていると言える。
> 　このため，上記の［2］の視点から各教科の教育内容を厳選することにより時間を生み出し，一定のまとまった時間（以下，「総合的な学習の時間」と称する。）を設けて横断的・総合的な指導を行うことを提言したい。

（上記の［2］とは，「教育内容の厳選と基礎・基本の徹底」の項目のこと）

　その後，教育課程審議会答申（平成 10 年 7 月 29 日）を受け，同年 10 月に学習指導要領が告示されました。

平成 10 年の学習指導要領

３　「総合的な学習の時間」は「生きる力」の特効薬

　新しく創設された「総合的な学習の時間」は，学習指導要領第 1 章総則の「第 3　総合的な学習の時間の取扱い」として掲載され，そのねらいは次のように定められました。

> ２　総合的な学習の時間においては，次のようなねらいをもって指導を行うものとする。
> （1）自ら課題を見付け，自ら学び，自ら考え，主体的に判断し，よりよく問題を解決する資質や能力を育てること。
> （2）学び方やものの考え方を身に付け，問題の解決や探究活動に主体的，創造的に取り組む態度を育て，自己の生き方を考えることができるようにすること。

　このねらいを見ると，先の中央教育審議会が第一次答申で示した「生きる力」の一つ目「いかに社会が変化しようと，自分で課題を見つけ，自ら学び，自ら考え，主体的に判断し，行動し，よりよく問題を解決する資質や能力」そのものです。つまり「総合的な学習の時間」は，その成功の可否が「生きる力」の成功の可否に直結する特効薬のような華々しいスタートを切ったのです。

第２節　「総合的な学習の時間」への風当たり

　「はじめに」で述べたように，平成 8 年の中央教育審議会の第一次答申が出てからは，「生きる力」「総合的な学習の時間」は教育界のキーワードとなり，全国の書店では，「生きる力」や「総合的な学習の時間」に関連した本は山のように売り出されました。
　華々しくスタートを切った「総合的な学習の時間」でしたが，しばらくすると雲行きは怪しくなり，「総合的な学習の時間」を見る周りの目は，次第に厳しくなっていきました。

1 教科の指導時数の減少

「総合的な学習の時間」の新設は，歴史的に見ても価値のある出来事でした。教科等の新設については，平成元年の生活科がありますが，生活科は小学1，2年生の社会と理科との統合ですので，戦後学習指導要領の歴史の中で，昭和33年に道徳が新設されて以来のことでした。しかも，週当たりの1単位時間（小学校は45分，中学校は50分）が道徳新設の時の一単位時間とは違って，小学3，4年で3単位時間（年間105時間），小学5，6年で3〜4単位時間（年間110時間），中学1年で2〜3単位時間（年間70〜100時間），中学2年で2〜3単位時間（年間70〜105時間），中学3年で2〜4単位時間（年間70〜130時間）という大きな時間でした。このような莫大な時数が現れたのは，先に述べた中央教育審議会の第一次答申の中にあった**「各教科の教育内容を厳選することにより時間を生み出し，一定のまとまった時間を設けて」**を受けたものです。これによって時数減となったのは各教科で，とりわけ，比較的時数が多かった国語や算数・数学は多く削られました。

また，各教科の時数が削られたのには，もう一つ理由があります。それは，学校週5日制によって，土曜日の授業がなくなったことです。1980年代頃より日本でも多くの企業が週休2日制を導入し始めました。学校での導入は，それよりも10年ほど遅く，1992年（平成4年）より月に1回の週休2日，1995年（平成7年）より月に2回の週休2日，そしてようやく2002年（平成14年）より完全週休2日制となりました。教科を指導する時数が削られた理由として，この授業日の減少も挙げられます。

一週間のうち，国語や算数・数学などの授業時数が減りました。しかも一年を通じてです。このことは保護者を不安にさせました。

「総合的な学習の時間」への風当たりとは直接は関係ありませんが，教科の授業時数の減少にあたって，時間割の組みづらさが生じました。学校教育法施行規則に教科等の授業時数が示されています。それを見ると，平成元年の学習指導要領までは，どの教科等も授業時数は35の倍数（小学1年は34の倍数）です。それは，年間を35週（小学1年は34週）で計算しているためです。つまり，週1時間の授業ならば年間の授業時数は35，週2時間ならば70となります。ところが，平成10年の学習指導要領は，「総合的な学習の時間」の授業時数を生み出すために，いろいろな教科等から時数をかき集めたために，例えば小学4年の理科の時数は90です。

このことによって，今週の月曜日の1時間目は理科だが，来週の月曜日の1時間目は理科ではない，という時間割になってしまいます。このような教科の例は他にもあり，それら同士を抱き合わせて時間割を組むということになります。子供も先生も分かりづらい時間割となりました。

2 一見，学習とは無関係と思われる活動

「学習指導要領には何が記載されているのか」と問われれば，それは「目標」と「内容」です。だから全国津々浦々どこへ行っても，同じ学年で同じ内容の教育が受けられるわけです。それに加えて，現場の先生方のたゆまない努力によって，我が国の教育水準が高く維持されてきました。

この当たり前に記述されてきた「目標」と「内容」が，平成10年の学習指導要領において大きな変化をもたらしました。「総合的な学習の時間」です。「総合的な学習の時間」は，先に記したようにねらいはあります。しかし，内容は特に決められたものはなく，例示はあるものの学校任せです。このことが，冒頭の「はじめに」で記したように私の心を躍らせたのですが，何をやってもよいということに，困った学校や困った先生が多かったようです。学習指導要領の例示に取り組んでみたり，他の学校の様子を聞いてみたりということが続いたようです。困りながらも例えば稲作が盛んな地域では，地域の方々の協力を得ながら稲作を通して，課題を見付け，学び，考え，判断し，その課題を解決していく資質や能力を育成しました。しかし，これらのことは，ドリル学習などに比べて「学習」している姿には見えづらいものでした。このことも，保護者を不安にさせました。

3 学習指導要領の記載内容の誤解

「平成10年の学習指導要領では，円周率を3として教えている」のように聞いたことがある読者も多いと思いますが，これは誤りです。正しくは，平成10年告示の学習指導要領には，次のように記述されています。

> 円周率としては3.14を用いるが，目的に応じて3を用いて処理できるように配慮するものとする。

つまり，おおよその長さや広さを求める際には，臨機応変にそのようなことができるようになるということであって，むしろそれは現実の世界では必要な判断力つまり「生きる力」です。例えば，直径が1.2mの樹木を縛るために必要なロープを準備しようとする場合に，暗算で $1.2 \times 3 = 3.6$ と出して，4mほどのロープが必要だと判断するでしょう。それをわざわざ紙と鉛筆を用意して，$1.2 \times 3.14 = 3.768$ と正確な値を出すことに，どれほどの価値があるのでしょうか。むしろ，紙と鉛筆を取りに行く労力や時間を割愛して概数を用いようと判断できることの方が生活に必要な能力です。

「円周率としては3.14を用いるが，目的に応じて3を用いて処理できるように配慮す

る」という内容が，いつの間にか「円周率は 3 でよい」となって，良くも悪しくもそのことを話題にして盛り上がってしまったわけです。

　ひと昔前であれば，情報が伝わるスピードは現代ほど速くはないため，自分で考えて判断する時間もあったのでしょうが，現代では正しい情報も正しくない情報も，判断する間もなく一瞬で広がってしまいます。このような例は他にもたくさんあります。このことも保護者の不安を一層煽る結果となりました。

4　学力低下の原因という誤解

　ピサショックとは，PISA 調査（OECD 経済協力開発機構が 2000 年から 3 年おきに実施している学習到達度評価）において，平成 12 年度（2000 年）に世界第 1 位だった「数学的リテラシー」の順位が，平成 15 年度（2003 年）に第 6 位に下がった出来事です。このことが，学力を低下させた裏付けとして，これまで記した 1～3 を総括したものとして位置づけられています。これは，時が前後しますが大きな話題となりましたので考察してみます。

　次表（16 ページ）は，生まれた年度と平成 10 年の学習指導要領で学んだ年度の関連です。「移」は平成 10 年度学習指導要領の移行措置期間，「ゆ」は平成 10 年度の学習指導要領で学んだ（ゆとり教育）年度を表しています。また，高 1 の欄に和歴（西暦）が記されている学年は，PISA 調査の対象となった学年です。

　この学力低下の問題は，平成 19 年度（2007 年）から全国で始まった全国学力・学習状況調査の引き金にもなったほど大騒ぎされました。しかし，この PISA 調査を受けた子供たちとゆとり教育の関連を次表で詳しく見てみると，平成 15 年度（2003 年）に PISA 調査を受けた高 1 は，昭和 62 年度生まれ平成 6 年度入学の子供たちで，中 1 と中 2 で移行措置，中 3 でゆとり教育を受けていただけであることが分かります。つまり，平成 15 年度（2003 年）のピサショックは，「ゆとり教育」が引き起こした結果ではないことは明らかです。むしろ，その後の学力の回復にゆとり教育は貢献しているのです。

生まれた年度と小中学校時代のゆとり教育の関連

	小1	小2	小3	小4	小5	小6	中1	中2	中3	高1
昭和59年度生まれ平成　3年度入学										平成12年度（2000）
昭和60年度生まれ平成　4年度入学										
昭和61年度生まれ平成　5年度入学										
昭和62年度生まれ平成　6年度入学							移	移	ゆ	平成15年度（2003）
昭和63年度生まれ平成　7年度入学						移	移	ゆ	ゆ	
平成 元年度生まれ平成　8年度入学					移	移	ゆ	ゆ	ゆ	
平成　2年度生まれ平成　9年度入学				移	移	ゆ	ゆ	ゆ	ゆ	平成18年度（2006）
平成　3年度生まれ平成10年度入学			移	移	ゆ	ゆ	ゆ	ゆ	ゆ	
平成　4年度生まれ平成11年度入学		移	移	ゆ	ゆ	ゆ	ゆ	ゆ	ゆ	
平成　5年度生まれ平成12年度入学	移	移	ゆ	ゆ	ゆ	ゆ	ゆ	ゆ	ゆ	平成21年度（2009）
平成　6年度生まれ平成13年度入学	移	ゆ	ゆ	ゆ	ゆ	ゆ	ゆ	ゆ	移	
平成　7年度生まれ平成14年度入学	ゆ	ゆ	ゆ	ゆ	ゆ	ゆ	ゆ	移	移	
平成　8年度生まれ平成15年度入学	ゆ	ゆ	ゆ	ゆ	ゆ	ゆ	移	移	移	平成24年度（2012）
平成　9年度生まれ平成16年度入学	ゆ	ゆ	ゆ	ゆ	ゆ	移	移	移		
平成10年度生まれ平成17年度入学	ゆ	ゆ	ゆ	ゆ	移	移	移			
平成11年度生まれ平成18年度入学	ゆ	ゆ	ゆ	移	移					平成27年度（2015）
平成12年度生まれ平成19年度入学	ゆ	ゆ	移	移						
平成13年度生まれ平成20年度入学	ゆ	移	移							
平成14年度生まれ平成21年度入学	移	移								平成30年度（2018）
平成15年度生まれ平成22年度入学	移									
平成16年度生まれ平成23年度入学										

　この年数のずれの誤解は，「平成10年告示の学習指導要領の完全実施は平成14年度からという告示と実施までのタイムラグ」について，一般的には知られていないためです。平成10年の告示と同時（平成10年）に新しい教育が始まったと思われているためでしょう。

　「ゆとり教育は，内容の少ない教育」「ゆとり世代は，熱心に物事に取り組まない世代」などという間違った情報がいつの間にか拡散し，「ゆとり教育」や「ゆとり世代」は揶揄される的となり，社会や会社で肩身の狭い思いをしているなんていう話を聞いたことはいないでしょうか。あふれる情報には正しいものも多くありますが，中には間違った情報もあることをしっかり踏まえて真実は自分で確かめることが大切です。少なくとも，先の表から「ゆとり教育」が学力を低下させたという論調は間違いです。円周率の話題と同じように，誤った情報が次々と広まっていってしまった結果です。

「ゆとり教育」や「ゆとり世代」というと，平成10年告示の学習指導要領（実施は平成14年度）における教育やその教育を受けた人たちと考える人が多いと思いますが，第1章第4節で述べたように，「ゆとり教育」が始まったのは，それまでの現代化と称した教育内容の高度化による児童生徒への負担軽減を図るために，各教科等の目標・内容を中核的事項にしぼり，子供たちのゆとりある充実した学校生活の実現を目指した昭和52年告示の小学校学習指導要領（実施は昭和55年度，中学校は昭和56年度）からです。そして，その考え方は平成元年告示の学習指導要領（実施は小学校・中学校ともに平成4年度）にも受け継がれ，社会の変化に自ら対応できる心豊かな人間の育成を目指しました。

このように，平成10年の「ゆとり教育」は突如現れたものではなく，これまでの流れを受けたものです。昭和52年告示の学習指導要領が第1次ゆとり教育，平成10年告示の学習指導要領が第2次ゆとり教育といった方が正しいでしょう。

5　「総合的な学習の時間」そのものの課題

「総合的な学習の時間」の実施状況にも課題がありました。学習指導要領では「ねらい」はあるものの「内容」については各学校に任されていたため，「総合的な学習の時間」の教育効果が上げられている学校と，そうではない学校がありました。この原因については，各学校が自校の目標や内容を明確に設定していなかったり，児童生徒に対して目標としている力が身に付いたかどうかの評価や検証が行われていなかったり，あるいは，教科等の関連が不明確であったりなど様々な理由が考えられます。

教師は授業をする際に，暗黙のうちに自分の体験を生かしていることが多いようです。自分自身が気付いていない場合もあるかもしれませんが，教師自身が受けてきた授業を良くも悪くも自分の授業に生かしているということです。このように考えると，「総合的な学習の時間」は，教える教師側にとっても手本となるものがないわけですから，課題が生じて当然です。その課題を克服できたかどうかが，この「総合的な学習の時間」を充実させることができたかどうかにつながることになります。

第3節　「総合的な学習の時間」の巻き返し

これまで述べてきたように，「総合的な学習の時間」の風当たりの理由の一つに，世間の誤解もありました。誤解が生じてしまったのは，「ゆとり教育」が，単なるゆとりであって，子供たちに何を身に付けさせようとしたものであるのか，広く知られていなかった，つまり，社会への啓発活動が不十分であったということが考えられます。このことからも，学校教育

は学校が中心となって行われるものですが, 学校のみで行っているものではないということが, よく分かります。

1　確かな学力向上のための 2002 アピール「学びのすすめ」

平成 10 年告示の学習指導要領が 4 月から全面実施されようとしている平成 14 年（2002 年）の 1 月, 文部科学省（平成 13 年, 中央省庁再編により科学技術庁と文部省が統合）は, 学習指導要領のねらいについて「確かな学力」という言葉を用いて, その達成のための指導の重点等を "確かな学力向上のための 2002 アピール「学びのすすめ」" として示しました。

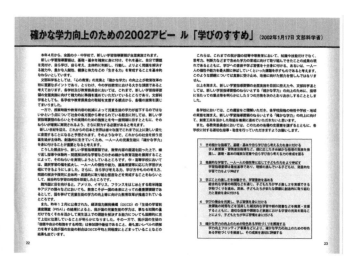

「学びのすすめ」の最後には, 各学校や各教育委員会が取り組むべきことを 5 つにまとめていますが, "「生きる力」は学力を決して疎かにしているのではありません。基礎・基本や自ら学び自ら考える力も大切にしています。" という内容は, 保護者をはじめとした世の中に向けられたメッセージという意味合いも大きいようです。

2　確かな学力＜平成 15 年（2003 年）12 月　学習指導要領一部改正＞

「学びのすすめ」に続き, 文部科学省は中央教育審議会に対して, 平成 15 年 5 月に「今後の初等中等教育の推進方策について」と題して諮問を行い, 中央教育審議会は同年 10 月に「初等中等教育における当面の教育課程及び指導の充実・改善方策について」とした答申を行いました。総合的な学習の時間の充実についても検討課題に挙げられました。

総合的な学習の時間については, 改めて, 横断的・総合的な学習や児童の興味・関心等に基づく学習など創意工夫を生かした教育活動を行うことにより, 学び方やものの考え方の習得, 主体的な問題解決等への態度の育成, 生き方についての自覚の深化等を目指すことにより, 「生きる力」をはぐくむことに寄与するものであることが述べられています。
この答申では「学びのすすめ」で登場した「確かな学力」について, 次のように構造化されています。

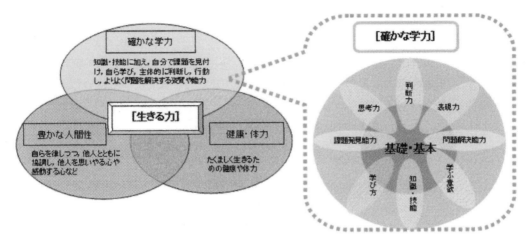

[生きる力]と[確かな学力]

　この図にあるように，先に述べた「学び方やものの考え方の習得，主体的な問題解決等への態度」は「確かな学力」として位置づけられていますので，「総合的な学習の時間」がねらうものは「確かな学力」ということになります。それを裏付けるものとして，この一部改正された学習指導要領の第1章総則の「第3　総合的な学習の時間の取扱い」のねらいは次のように記述されています。

2　総合的な学習の時間においては，次のようなねらいをもって指導を行うものとする。
（1）自ら課題を見付け，自ら学び，自ら考え，主体的に判断し，よりよく問題を解決する資質や能力を育てること。
（2）学び方やものの考え方を身に付け，問題の解決や探究活動に主体的，創造的に取り組む態度を育て，自己の生き方を考えることができるようにすること。
（3）<u>各教科，道徳及び特別活動で身に付けた知識や技能等を相互に関連付け，学習や生活において生かし，それらが総合的に働くようにすること。</u>（下線は筆者）

　平成10年の学習指導要領のねらいと比較すると，(3)の記述が付け加えられました。教科等を学習したことを総合的な学習の時間で生かす，また逆に総合的な学習で学んだことを教科等の学習に生かすことで，「確かな学力」を身に付けさせるという構図です。
　「総合的な学習の時間」は，「ねらい」はあるが，「内容」は各学校の創意工夫次第，そしてその成功の可否が「生きる力」の成功の可否に直結するというような華々しさは若干色褪せましたが，「総合的な学習の時間」の必要性は引き続き十分に強調されました。

＜章末問題＞

【2−1】　「生きる力」とは，どのような「力」ですか。また，その「力」が求められたのはなぜですか。

【2−2】　「総合的な学習の時間」が新設されたのはなぜですか。

【2−3】　「総合的な学習の時間」が学力低下の原因といわれたのはなぜですか。

【2−4】　「総合的な学習の時間」の指導が難しかったのはなぜですか。

【2−5】　確かな学力向上のための 2002 アピール「学びのすすめ」には，どのようなことが書かれてありましたか。

【2−6】　「確かな学力」とは，どのような「学力」ですか。また，その「学力」が生まれたのはなぜですか。

第3章

「総合的な学習の時間」の充実
＜平成20年（2008年）学習指導要領＞

　「学力」が何を指しているのか議論され始めたのは、「総合的な学習の時間」が誕生した平成10年（1998年）の学習指導要領の頃からです。その学習指導要領の売り文句であった「ゆとり教育」が，学力論争（学力低下論争）の材料になったことが発端です。しかし，当時「学力」が何を指しているのかはっきりしていなかったことを考えると，この論争はゴールを決めないでサッカーの試合をしているようなものでした。このゴールを明らかにしたのが，平成19年（2007年）に改正された学校教育法です。

平成20年の学習指導要領

学校教育法　第三十条2
　生涯にわたり学習する基盤が培われるよう，<u>基礎的な知識・技能</u>を習得させるとともに，これらを活用して課題を解決するために必要な<u>思考力・判断力・表現力その他の能力</u>をはぐくみ，<u>主体的に学習に取り組む態度</u>を養うことに，特に意を用いなければならない。（下線は筆者）

　これはまさに，平成15年の中央教育審議会の答申で示された「確かな学力」であり，「生きる力」です。
　中央教育審議会は，平成17年2月に文部科学大臣より，21世紀を生きる子供たちの教育の充実を図るための教育課程の基準全体の見直し等の諮問を受け，法改正等も踏まえながら3年近くに及ぶ審議を行い，平成20年1月に「幼稚園，小学校，中学校，高等学校及び特別支援学校の学習指導要領等の改善について」の答申を行い，同年3月に学習指導要領が告示されました。写真ではよく分かりませんが，この時から学習指導要領の大きさは，A5版からA4版（A5版の2倍の大きさ）になりました。

第1節　「知識基盤社会に必要な能力」と「生きる力」

　社会が大きく変化している中，資源を活用して社会や経済を潤してきたこれまでとは違い，新しい知識・情報・技術が政治・経済・文化をはじめとするあらゆる領域での活動の基盤として飛躍的に重要性を増すという考え方が出てきました。これが「知識基盤社会」（knowledge-based society）の意味するところです。ここでは，平成元年以前の古い学力観ではなく，知識はもちろんですが，それに加え柔軟な思考力や創造力が必要となります。

　先の学力論争の材料にもなった PISA 調査を実施している経済協力開発機構（OECD）は，知識基盤社会に必要な能力を「主要能力（キーコンピテンシー）」と定義づけ，PISA 調査で測っているのは，単なる知識や技能だけではなく，技能や態度を含む様々な心理的・社会的なリソースを活用して，特定の文脈の中で複雑な課題に対応することができる次の 3 つの力であると述べています。

　　1　社会・文化的，技術的ツールを相互作用的に活用する力

　　2　多様な社会グループにおける人間関係形成能力

　　3　自立的に行動する能力

　平成 8 年の中央教育審議会の第一次答申から始まった，我が国が重要視してきた「生きる力」は，知識基盤社会に必要な能力である「主要能力（キーコンピテンシー）」の先取りしたものといえます。こうして，「生きる力」は平成 10 年告示の学習指導要領から平成 20年告示の学習指導要領へと理念が引き継がれました。

第2節　理念実現に向けた課題と対策

　平成 20 年告示の学習指導要領へ引き継がれた理念を実現させるために，中央教育審議会はこれまでの課題を次の 5 つにまとめました。

　　課題[1]　「生きる力」の意味や必要性について，その趣旨の周知・徹底が学校関係者・保護者・社会に対して十分ではなかった。

　　課題[2]　子どもの自主性を尊重する余り，教師が指導を躊躇する状況があった。

　　課題[3]　各教科での知識・技能の習得と総合的な学習の時間での課題解決的な学習や探究活動との間の段階的なつながりが乏しかった。

課題[4]　各教科において知識・技能の習得とそれを活用する学習活動を行うには，授業時数が十分ではなかった。

課題[5]　豊かな心や健やかな体の育成について，家庭や地域の教育力が低下したことを踏まえた対応が十分ではなかった。

　課題[1][5]については，その解決に向けた取組として，右のパンフレットが作成されました。平成10年の学習指導要領の際の学力低下に関する諸々の誤解の原因を，啓発の不足であったことを生かしたものです。

　課題[2]については，平成元年の学習指導要領で「新しい学力観」が登場した際，教師の役割が「指導」から「支援」へと軸足が変わったのですが，積極的に関わるのが「指導」で，関わらないのが「支援」というように間違った認識が生まれたのも事実です。考えさせるべき内容はじっくり考えさせるが，教えるべき内容はしっかり教えるというメリハリの重要性が指摘されました。

　課題[3]については，次節で記述します。

　課題[4]については，時数増で対応しました。小学校では，国語・社会・算数・理科・体育の授業時数が6年間で約1割増加しました。週当たりの授業時数では，小学1・2年で2時間増，3〜6年で1時間増となりました。中学校では，国語・社会・数学・理科・保健体育・外国語の授業時数が3年間で約1割増加しました。これによって，各学年とも週当たり1時間の授業時数増となりました。また，時数増ではありませんが，平成元年の学習指導要領で発生した35の倍数になっていない授業時数は，一部を除いて多くの教科で解消されました。

「生きる力」パンフレット

第3節　「探究的な学習」とそれを通してねらうもの

　平成20年告示の学習指導要領において，「総合的な学習の時間」は学校教育法施行規則によって，教育課程上に位置づけられました。総則の中の一文から，各教科等と同じように一つの章として抜き出されました。そして，目標は次のように定められました。

　横断的・総合的な学習や探究的な学習を通して，自ら課題を見付け，自ら学び，自ら考え，主体的に判断し，よりよく問題を解決する資質や能力を育成するとともに，学び方やものの考え方を身に付け，問題の解決や探究活動に主体的，創造的，協同的に取り組む態度を育て，自己の生き方を考えることができるようにする。

1　横断的・総合的な学習や探究的な学習を通して

　「探究」という言葉は，これまでの目標にもありましたので，「総合的な学習の時間」を進める上でのキーワードと考えられます。しかし，先の課題[3]にあるように課題とされている部分でもあります。各学校で創意工夫を生かして「何を」の部分が決まったとしても，次の「どのように」の部分が不十分であれば，充実した活動にはなりません。そこで文部科学省は新たに「探究的な学習」という言葉を用いて，その学習の姿のイメージを学習指導要領解説に示しました。

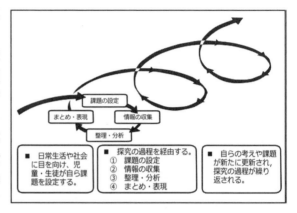

探究的な学習における児童（生徒）の学習の姿のイメージ

【課題の設定】体験活動などを通して，課題を設定し課題意識をもつ
【情報の収集】必要な情報を取り出したり収集したりする
【整理・分析】収集した情報を，整理したり分析したりして思考する
【まとめ・表現】気付きや発見，自分の考えなどをまとめ，判断し，表現する

2　自ら課題を見付け，自ら学び，自ら考え，主体的に判断し，よりよく問題を解決する資質や能力を育成するとともに

　この文言は，「総合的な学習の時間」が初めて登場した平成8年の中央教育審議会第一次答申の中の「生きる力」の知の部分です。現代社会における日常生活の中で課題を見付けられることは，よりよく生きる上で最も重要な部分です。また，それに対して指示を待っているのではなく，自分で考え判断して動く力こそ，これからの時代を生き抜く上で重要な資質・能力です。

　現代社会における課題は，ベストな解決策はなく，どれがベターなのかを考え判断し，それを選択するということもあるでしょう。そのためには，正しい情報を集める力や判断力が必要です。また，その判断は瞬時に行わなければならないときもあるでしょう。そのためにはより高度な判断力が必要です。さらには，選択した解決策を見直し，軌道修正をするという連続した判断力も必要です。これらを育成するためには，常に状況を見極めたり，あらゆる状況を想像したりする資質・能力も欠かせません。

3　学び方やものの考え方を身に付け

　学び方やものの考え方は，全ての教科等で必要ですから，「総合的な学習の時間」で身に付けた学び方やものの考え方を「他の教科等」で生かすことができた，逆に，「他の教科等」で身に付けた学び方やものの考え方を「総合的な学習の時間」で生かすことができた，いわゆる補完の関係を構築できることが望ましい姿です。そのための必要な手立ては，「総合的な学習の時間」の活動を行っている際に，現在行っている活動が「他の教科等」のどの内容とつなげられるか，時間的なずれがあったとしても，そのことを教師が意識することです。平成 15 年に一部改正された学習指導要領には，計画の重要性が追記されました。「総合的な学習の時間」は，創意工夫が生かされる教育活動ですから，教師の計画がしっかりしていればいるほど児童生徒の教育活動が充実します。

4　問題の解決や探究活動に主体的，創造的，協同的に取り組む態度を育て

　これまでのねらいに「協同的」という言葉が加わりました。この言葉は，平成 20 年の中央教育審議会の答申の中で，平成 10 年（平成 15 年一部改正）の学習指導要領の理念すなわち「知識基盤社会」の時代と「生きる力」との関係において，現代の課題に対応するためには，自己との対話を重ねつつ，他者や社会，自然や環境とともに生きるといった積極的な「開かれた個」であることを求めていたことによります。

　友達同士で互いに意見を出し合ったり話し合ったりしながら，問題解決や探究活動の質を高めることをねらったものです。また，相手は友達とは限りません。「総合的な学習の時間」では，地域社会に出ていくこともあります。その際に，いろいろな職業の人，いろいろな年代の人，いろいろな考え方の人の意見や考え方に触れることも問題解決や探究活動の質を高めることにつながります。

5　自己の生き方を考えることができるようにする

　これは従来のねらいにあった文言ですが，「自己の生き方を考える」については，大きな概念で漠然として捉えづらい部分です。学習指導要領解説では「自己の生き方を考える」を次の 3 つの側面で捉えています。

①　人や社会，自然とのかかわりにおいて，自らの生活や行動について考えていくこと

⇒社会や自然の中で生きる一員として，何をすべきか，どのようにすべき
　かなどの考えること

②　自分にとって学ぶことの意味や価値を考えていくこと
　⇒取り組んだ学習活動を通して，自分の考えや意見を深めることであり，
　　また，学習の有用感を味わうなどして学ぶことの意味を自覚すること

③　①と②を生かしながら，学んだことを現在及び将来の自己の生き方につな
　げて考えること
　⇒学習の成果から達成感や自信をもち，自分のよさや可能性に気付き，自
　　分の将来について考えていくこと

　以上，述べてきたように平成10年の学習指導要領に登場した「総合的な学習の時間」は，平成15年の学習指導要領の一部改正を経て，全国各地の実践を踏まえながら理論も実践も充実しました。

　この理論と実践を全国の学校に広め，小学校では平成23年度から，中学校では平成24年度より実施される平成20年度告示の学習指導要領における「総合的な学習の時間」をさらに充実させることをねらって，文部科学省は平成22年11月に指導資料『今，求められる力を高める総合的な学習の時間の展開』の小学校編と中学校編を刊行しました。

今、求められる力を高める総合的な学習の展開
小学校編（左）と中学校編（右）

　この指導資料は，「総合的な学習の時間」を推進するための基本的な考え方や体制づくり，全国の優れた実践例などがとても分かりやすく解説されたもので，今でも十分に活用できます。

<章末問題>

【3-1】　「学力」とは何を指していますか。法令に基づいて説明してください。

【3-2】　「知識基盤社会」とは，どのような「社会」ですか。

【3-3】　「キーコンピテンシー」とは何ですか。

【3-4】　「生きる力」のパンフレットが教師だけでなく，保護者にも配付されたのはなぜですか。

【3-5】　「探究的な学習」とはどのような「学習」ですか。

【3-6】　「自己の生き方を考える」とはどのようなことですか。

第4章

「総合的な学習の時間」の発展
＜平成29年（2017年）　学習指導要領＞

　「学力低下の原因という誤解（第2章第2節）」で述べたように，当初「総合的な学習の時間」に対する風当たりは強かったのですが，現場の先生方の努力や教育行政による諸施策等によって，「総合的な学習の時間」は充実していきました。このことは，経済開発機構（OECD）が実施する学習到達度評価における好成績につながったことのみならず，学習の姿勢をも改善することになり，国際的に高く評価されています。

　その「総合的な学習の時間」を発展させた平成29年（2017年）に告示された学習指導要領の「総合的な学習の時間」を見る前に，若干この学習指導要領の誕生の過程について考察します。それは，今回の学習指導要領が告示されるに当たり，中央教育審議会から文部科学省に対して行われた答申が，これまでの様相と大きく異なっている点が注目に値するからです。

第1節　平成29年告示の学習指導要領が目指す学びの姿

　平成26年11月20日，文部科学大臣は中央教育審議会に対して，「初等中等教育における教育課程の基準等の在り方について」を諮問しました。この諮問の要点は次の3点でした。

1　教育目標・内容と学習・指導方法，学習評価の在り方を一体と捉えた，新しい時代にふさわしい学習指導要領等の基本的な考え方

2　育成すべき資質・能力を踏まえた，新しい教科・科目等の在り方や，既存の教科・科目等の内容・目標の見直し

3　学習指導要領等の理念を実現するための，各学校におけるカリキュラム・マ

ネジメントや，学習・指導方法及び評価方法の改善を支援する方策

　学習指導要領には，子供たちに指導すべき教科等の「目標」と「内容」が書かれています（「総合的な学習の時間」は少し違います）。したがって，学習指導要領の改訂（見直し）とは，「目標」や「内容」の見直しが，これまでの常でした。しかし今回，文部科学省は，学習指導要領の在り方そのものについても審議の重要事項に含め，中央教育審議会に諮問を行いました。

　この諮問を受けた中央教育審議会は，平成27年8月26日に，教育課程企画特別部会における論点整理を発表するのですが，その中に次のような記述があります。

> 　これまでの学習指導要領は，知識や技能の内容に沿って教科等ごとには体系化されているが，今後はさらに，教育課程全体で子供にどういった力を育むのかという観点から，教科等を越えた視点を持ちつつ，それぞれの教科等を学ぶことによってどういった力が身に付き，それが教育課程全体の中でどのような意義を持つのかを整理し，教育課程の全体構造を明らかにしていくことが重要となってくる。

　そして，新しい学習指導要領等が目指す姿について，次の3項目でまとめています。

1　新しい学習指導要領等の在り方について

2　育成すべき資質・能力について

3　育成すべき資質・能力と，学習指導要領等の構造化の方向性について

　この教育課程企画特別部会における論点整理を踏まえ，諮問から2年余りの議論の後，平成28年12月21日，中央教育審議会は「幼稚園，小学校，中学校，高等学校及び特別支援学校の学習指導要領等の改善及び必要な方策等について」と題した答申を文部科学省に行いました。

　答申は250ページ近くにもなる莫大な量でした。答申の「第1部　学習指導要領等改訂の基本的な方向性」の中で，学びについて次の3点が記述されています。

> 1　何ができるようになるか
> 　－育成を目指す資質・能力－
>
> 2　何を学ぶか
> 　－教科等を学ぶ意義と教科等間・学校段階間のつながりを踏まえた教育課程の編成－
>
> 3　どのように学ぶか
> 　－各教科等の指導計画の作成と実施，学習・指導の改善・充実－

1　何ができるようになるか
－育成を目指す資質・能力－

　子供たちが未来を切り拓いていくために必要な資質・能力の要素を，次のような 3 つの柱にまとめました。そして，今回の答申で注目すべき点は，全ての教科等について，育成を目指す資質・能力をこの 3 つの柱に基づいて整理するよう求めたことです。

⑴　何を理解しているか，何ができるか（生きて働く「知識・技能」の習得）

⑵　理解していること・できることをどう使うか（未知の状況にも対応できる「思考力・判断力・表現力等」の育成）

　そして，⑴及び⑵の資質・能力を，どのような方向性で働かせていくかを決定付ける重要な要素として

⑶　どのように社会・世界と関わり，よりよい人生を送るか（学びを人生や社会に生かそうとする「学びに向かう力・人間性等」の涵養）

　これら 3 つの要素は，学校教育法第 30 条第 2 項が定める学校教育において重視すべき三要素（「知識・技能」「思考力・判断力・表現力等」「主体的に学習に取り組む態度」）とも大きく共通しています。

　また，これまで「見方・考え方」といった用語については，教科等において用いられてきましたが，それについても明らかにし，それを軸とした授業改善の取組を活性化しようとしました。

2　何を学ぶか
－教科等を学ぶ意義と教科等間・学校段階間のつながりを踏まえた教育課程の編成－

　3 つの柱に基づいて整理された資質・能力であっても，それらは単独に育成されるものではなく，関係性が強い教科等の内容事項と関連付けながら育まれるものです。そして，各教科等で育まれた力を，その教科等以外の様々な場面で活用できる汎用的な能力に育て上げるためには，教科等横断的な学びを行う「総合的な学習の時間」が重要であることも示されました。

　こうして，学習指導要領改訂に向けた各教科等における議論は，各教科等で学校や学年段階に応じて学ぶことを単に積み上げるものではなく，各教科等の横のつながりを行き来しな

がら検討が行われました。

3　どのように学ぶか
ー各教科等の指導計画の作成と実施，学習・指導の改善・充実ー

　育成を目指す３つの資質・能力を身に付けさせるには，どのように学ぶかという学びの質が重要です。つまり，学びの過程において，主体的に学ぶことの意味と自分の人生や社会の在り方を結び付けたり，多様な人との対話を通じて，考えを広げたりすることが重要になります。また，ただ単に知識を記憶するだけでなく，それを様々な課題の対応に生かせることが実感できるような学びの深まりも重要になります。このことで，子供たちは生涯にわたる継続的な学びを獲得します。これらを「主体的・対話的で深い学び」と称し，答申では次のように示しています。

> 　「主体的な学び」とは，学ぶことに興味や関心を持ち，自己のキャリア形成の方向性と関連付けながら，見通しを持って粘り強く取り組み，自己の学習活動を振り返って次につなげる学びであり，子供自身が興味を持って積極的に取り組むとともに，学習活動を自ら振り返り意味付けたり，身に付いた資質・能力を自覚したり，共有したりすることが重要である。

> 　「対話的な学び」とは，子供同士の協働，教職員や地域の人との対話，先哲の考え方を手掛かりに考えること等を通じ，自己の考えを広げ深める学びであり，身に付けた知識や技能を定着させるとともに，物事の多面的で深い理解に至るために，多様な表現を通じて，教職員と子供や，子供同士が対話し，それによって思考を広げ深めていくことが求められる。

> 　「深い学び」とは，習得・活用・探究という学びの過程の中で，各教科等の特質に応じた「見方・考え方」を働かせながら，知識を相互に関連付けてより深く理解したり，情報を精査して考えを形成したり，問題を見いだして解決策を考えたり，思いや考えを基に創造したりすることに向かう学びであり，子供たちが，各教科等の学びの過程の中で，身に付けた資質・能力の三つの柱を活用・発揮しながら物事を捉え思考することを通じて，資質・能力がさらに伸ばされたり，新たな資質・能力が育まれたりしていくことが重要である。

　我が国の先生方はこれまでも不断な授業研究を行ってきました。このことを否定するのではなく，そのことに敬意を表しながら，改めて「主体的・対話的で深い学び」という学びの質に着目してもらうことを述べたものです。

　最後の「深い学び」の中にある教科等の特質に応じた「見方・考え方」は，授業改善にお

いて極めて重要になります。

　この「見方・考え方」について，答申では次のように述べています。

　「見方・考え方」は，新しい知識・技能を既に持っている知識・技能と結び付けながら社会の中で生きて働くものとして習得したり，思考力・判断力・表現力を豊かなものとしたり，社会や世界にどのように関わるかの視座を形成したりするために重要なものである。既に身に付けた資質・能力の３つの柱によって支えられた「見方・考え方」が，習得・活用・探究という学びの過程の中で働くことを通じて，資質・能力がさらに伸ばされたり，新たな資質・能力が育まれたりし，それによって「見方・考え方」がさらに豊かなものになるという相互の関係にある。

　このようにして，「見方・考え方」，「主体的・対話的で深い学び」という学習の方法にも改訂の視点が当てられた新しい学習指導要領が，平成29年に告示されました。

　答申の「第2部　各学校段階，各教科等における改訂の具体的な方向性」にある「総合的な学習の時間」の見直しの部分には，これまでの成果と課題を踏まえた「総合的な学習の時間」の目標や「総合的な学習の時間」の「見方・考え方」，「総合的な学習の時間」における「主体的・対話的で深い学び」について示されています。平成29年告示の学習指導要領の「総合的な学習の時間」の在り方については，これらを踏まえながら考察していくことが重要です。

平成29年の学習指導要領

第2節　「総合的な学習の時間」の目標

　平成29年告示の学習指導要領では，その総則「第2　教育課程の編成　1　各学校の教育目標と教育課程の編成」のところに次のような記述があります。

　教育課程の編成に当たっては，学校教育全体や各教科等における指導を通して育成を目指す資質・能力を踏まえつつ，各学校の教育目標を明確にするとともに，教育課程の編成についての基本的な方針が家庭や地域とも共有されるよう努めるものとする。その際，第5章（中学校は，第4章）<u>総合的な学習の時間の第2の1に基づき定められる目標との関連を図るものとする</u>。（下線は筆者）

これによって，学校の教育目標を達成させるためには「総合的な学習の時間」が果たす役割が極めて大きいということが明確になりました。各学校の教育課程を編成する上で，「総合的な学習の時間」が核になったということです。

1　第1の目標

　平成20年告示の学習指導要領における「総合的な学習の時間」の目標と平成29年告示の学習指導要領における「総合的な学習の時間」の目標は，次のとおりです。

（平成20年告示　学習指導要領）
第1　目標
　横断的・総合的な学習や探究的な学習を通して，自ら課題を見付け，自ら学び，自ら考え，主体的に判断し，よりよく問題を解決する資質や能力を育成するとともに，学び方やものの考え方を身に付け，問題の解決や探究活動に主体的，創造的，協同的に取り組む態度を育て，自己の生き方を考えることができるようにする。

（平成29年告示　学習指導要領）
第1　目標
　探究的な見方・考え方を働かせ，横断的・総合的な学習を行うことを通して，よりよく課題を解決し，自己の生き方を考えていくための資質・能力を次のとおり育成することを目指す。
　(1)　探究的な学習の過程において，課題の解決に必要な知識及び技能を身に付け，課題に関わる概念を形成し，探究的な学習のよさを理解するようにする。
　(2)　実社会や実生活の中から問いを見いだし，自分で課題を立て，情報を集め，整理・分析して，まとめ・表現することができるようにする。
　(3)　探究的な学習に主体的・協働的に取り組むとともに，互いのよさを生かしながら，積極的に社会に参画しようとする態度を養う。（下線は筆者）

　第1の目標とは，学習指導要領に書かれている「総合的な学習の時間」の目標を指します。平成20年と平成29年を比べてみて，最初に気付くのは構成です。平成29年告示の学習指導要領の目標では，最初にリード文があって，その下に(1)(2)(3)となっています。

　先に述べたように，今回（平成29年告示）の学習指導要領の特徴として，全ての教科等において目標の記述方法（形態）が統一されています。
　最初のリード文については，最初に「〇〇〇〇の見方・考え方を働かせ」と記述しています。この「見方・考え方」とは，第1節で記述したその教科等の特質に応じた「見方・考え方」です。次に「□□□□を通して」と記述しています。これは，その「見方・考え方」を

働かせる場面です。（「〇〇〇〇の見方・考え方を働かせ」と「□□□□を通して」が逆になっている教科等もあります。）このリード文によって，今回の改訂が目指している学習の「内容」と「方法」のうちの「方法」が明示されたことになります。

　次の⑴⑵⑶は，第1節で述べた育成を目指す資質・能力である3つの柱です。⑴が「知識・技能」，⑵が「思考力・判断力・表現力等」，⑶が「学びに向かう力・人間性等」です。この⑴⑵⑶の記述によって，今回の改訂が目指している学習の「内容」と「方法」のうちの「内容」が明示されたことになります。この目標の記述方法は，教科等の目標に関してだけでなく，各学年の目標も同じ形態です。

　そのようなことを念頭に置いて，改めて平成29年告示の学習指導要領における「総合的な学習の時間」の目標を見てみると，内容的には平成20年告示の学習指導要領の目標と大きく変わっていないことが分かります。他の教科等も同様でしょうが，何をどのようにすればよいのかが，より明らかに分かりやすく記述されたといえます。下線部ごとに目標を詳しく見てみます。

探究的な見方・考え方を働かせ

　これは第3章第3節にも記した「探究的な学習における児童（生徒）の学習の姿」が，答申で求められていたその教科等の特質に応じた「見方・考え方」であり，ここでは，「総合的な学習の時間」の「見方・考え方」に該当します。

　【課題の設定】【情報の収集】【整理・分析】【まとめ・表現】のそれぞれについては前述したとおりですが，重要なことは，【まとめ・表現】したことによって，そこから生じた気付きや発見が新たな一段高い【課題の設定】のステージに上がることです。この上がれるか上がれないかが，「総合的な学習の時間」の創設当時からのキーワードである「探究」を，真の「探究」に昇華させられるかどうかの分かれ目となります。

　特に「総合的な学習の時間」は，各教科等で育まれた力を，その教科等以外の様々な場面で活用できる汎用的な能力に育て上げることが期待されていますので，この「見方・考え方」を働かせる場合には，各教科等における「見方・考え方」をしっかりと踏まえておく必要があります。また，「総合的な学習の時間」で探究する課題の正解は一つとは限りません。あるいは正解はなく，ベターなものを探っていくことになるかもしれません。そのようなときに必要な「見方・考え方」は，広い視野から物事を捉えるなど集め

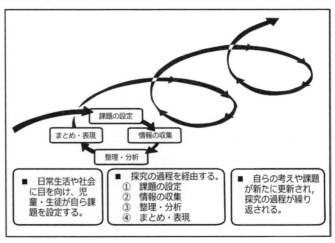

探究的な学習における児童（生徒）の学習の姿のイメージ

られた情報を総合的に判断する力です。つまり，探究的な学習を行う際に必要な「見方・考え方」には，次の２つがあるということになります。
　　〇各教科等における「見方・考え方」を総合的に働かせる「見方・考え方」
　　〇どの教科等でも捉えきれない広い視野からの「見方・考え方」

横断的・総合的な学習を行う

　「総合的な学習の時間」においては，目標を実現するにふさわしい探究課題を各学校で実態に応じて設定します。学習指導要領では，例示として，国際理解，情報，環境，福祉・健康などの現代的諸課題，地域の人々の暮らし，伝統や文化など地域や学校の特色に応じた課題，児童（生徒）の興味・関心に基づく課題，中学校においては職業や自己の将来に関する課題などが示されています。これらは，例示ですので，さらによいものがあれば，これらにとらわれずに，各学校で考えてほしいと思いますが，いずれにせよ，どれをとっても特定の教科等のみの「見方・考え方」で解決できる課題ではありません。教科等を跨ぐもの，あるいは総合的に考えなければならないものですので，教科等の学習において，教科等独自の「見方・考え方」をしっかり身に付けさせておくことが重要です。

よりよく課題を解決し，自己の生き方を考えていく

　「総合的な学習の時間」で探究する課題は，既有の知識や方法で解決できることばかりとは限りません。むしろ，これまでに遭遇したことのないような場面に出くわす場合の方が多いかもしれません。そのようなとき，既有の知識や方法を新たな課題に対応できるように進化させたり，あるいは総合的に組み合わせたりしながら，解決法を探っていく力は重要です。しかも，この解決法は，「総合的な学習の時間」で探究する課題に解が存在しないように，解法にも最適解がないかもしれません。そのようなときでも，いくつかの解決法の中からよりよい解決法を見つけ出していく力が重要です。

　自己の生き方を考えることについては，平成 20 年の学習指導要領解説を引き継いでいます。再掲となりますが，それを引用します。

① 　人や社会，自然との関わりにおいて，自らの生活や行動について考えていくこと
　　⇒社会や自然の一員として，何をすべきか，どのようにすべきかなどを考えること
② 　自分にとっての学ぶことの意味や価値を考えていくこと
　　⇒取り組んだ学習活動を通して，自分の考えや意見を深めることであり，また，学習の有用感を味わうなどして学ぶことの意味を自覚すること
③ 　①と②を生かしながら，学んだことを現在及び将来の自己の生き方につなげて考えること
　　⇒学習の成果から達成感や自信をもち，自分のよさや可能性に気付き，自分の人生や将

┌─────────────────────────────────────
│　　　　来について考えていくこと
└─────────────────────────────────────

　小学校では，①と低学年における生活科の学習とのつながりも注意を払うよう記されています。

　このリード文に続いて，「総合的な学習の時間」で育成することを目指す資質・能力について，他教科等と同様に，⑴で「知識及び技能」，⑵で「思考力，判断力，表現力等」，⑶で「学びに向かう力，人間性」という３つの柱に沿って示されました。それらについて，下線部にポイントを置きながら考察してみます。

⑴　探究的な学習の過程において，課題の解決に必要な<u>知識及び技能を身に付け</u>，課題に関わる概念を形成し，<u>探究的な学習のよさを理解</u>するようにする。

　「総合的な学習の時間」の知識及び技能とは，各教科等を総合した場合もあれば，「総合的な学習の時間」特有の場合もあります。探究的な学習の過程において，それらは複雑に絡み合っています。それらを自分自身で取捨選択をしながら整理し組み立て直して，実社会や実生活に使えるようにすることが「総合的な学習の時間」の知識及び技能です。

　探究的な学習の過程では，【課題の設定】【情報の収集】【整理・分析】【まとめ・表現】の過程を繰り返すことが重要です。【まとめ・表現】したことによって，新たな一段高い【課題の設定】のステージに上がるということは，そこから見える景色が今までと違うということです。新たな課題を得たことによって，今まで気付かなかったことに気付くようになる，今まで何とも思わなかったことを不思議に感じる，このことを楽しいと感じることが，探究的な学習のよさを理解するということです。

⑵　実社会や実生活の中から問いを見いだし，<u>自分で課題を立て，情報を集め，整理・分析して，まとめ・表現する</u>ことができるようにする。

　「思考力，判断力，表現力等」の部分です。「自分で課題を立て，情報を集め，整理・分析して，まとめ・表現する」は，探究的な学習の過程そのものです。⑴の「知識及び技能」があるからこそ，この過程を繰り返すことができる。逆に，過程を繰り返すことで既知の「知識及び技能」が未知の事象に対応できる「知識及び技能」に進化するという関係です。

　そのために，この探究的な学習の過程は重要です。そして，自分で立てた課題なら，主体的に解決に向かっていくでしょうから，最初の「自分で課題を立てる」ことを，いかにうまくできるかがポイントになります。しかし，自分で課題を立てることは簡単なようで難しい課題です。実社会や実生活の中に何も課題がないということはありませんから，出来事が複雑に絡み合っているために，課題が見えないあるいは気付かないのです。このようなときは，教師のちょっとした声かけによって，何気なかったことが不思議に思えたり，矛盾に感じたりということがあります。その教師の声かけは，絡み合っている糸をほぐすように一つ一つ

の出来事について，原因と結果について洗い出していくことです。この原因と結果については，当初は正しくなくても構いません。最初から原因と結果が明らかになっているようであれば探究的な学習は必要ありません。子供たちの語らいの中に，子供たち自身で矛盾点や疑問点が噴出してくることが理想です。

　最近の子供（小学生であっても大学生であっても）に情報集めの指示をすると，インターネットに飛びつきます。それは，そこにあふれるほどの情報があるからです。そのことを否定するつもりはありませんが，その情報を鵜呑みにする子供が多いのは気になります。せめて多くの情報を集めて比較したり，できれば足で情報を稼いだりしてほしいものです。

　集めた情報の整理・分析については，取捨選択をしたり，比較検討をしたり，あるいは情報をつなぎ合わせて新しい情報を構築したりすることが重要になります。一人で考えることも大切ですが，友だちと議論することにも大きな意味があります。それは，これからの複雑な社会問題を一人で解決することは困難だからです。社会を一人で生きていくこともありえない話です。二人で考えれば，アイデアも2倍以上に広がります。

　まとめ・表現することについては，現代では多くのツールがあります。それらの活用法を指導すると同時に，情報モラルについても十分指導する必要があります。一旦放たれた情報は，一瞬のうちに世界中を駆け巡り回収不能になります。「総合的な学習の時間」の活動においては，便利さとともに危険な面を指導することも，教師はしっかりと心がけておく必要があります。

　これらのサイクルを繰り返しながら，冒頭の「知識及び技能」を身に付けるとともに，サイクル全体及びサイクルの中に登場する一つ一つのプロセスで発揮される資質・能力も育成されることになります。

(3)　探究的な学習に主体的・協働的に取り組むとともに，互いのよさを生かしながら，<u>積極的に社会に参画</u>しようとする態度を養う。

　よりよく課題を解決し，自己の生き方を考えていくための資質・能力として掲げた「総合的な学習の時間」の3つ目の目標です。

　探究的な学習の過程においては，自分自身が主体的に取り組みながら，また他者のよさを生かしたり互いに認め合ったりという協働的な取組をしながら，さらなる高みへとのぼってきました。この過程においては，教室の友だち同士，あるいは地域の大人たち，あるいは初めて会った人，といったように相手を変えながら，教室で学んだ知を生かしながら，新たな知を発見したり想像したりしてきました。その中では，受動的に知を発見したり想像したりというだけでなく，自分の中に築かれた知を相手に伝えるという能動的な場面もあったはずです。つまり，自分のもっている「知識や技能」あるいは「思考力，判断力，表現力等」を自分の外の世界，小さな世界ではグループや教室や学校，大きな世界では地域社会へと生か

そうとしたはずです。最初は単なる参加だったものが，そこから少しずつ小さくても構いません，よりよい社会に向けて自分の知を伝えるという計画に参加する，つまり参画という態度へと変容していくことが「総合的な学習の時間」では期待されています。

　以上，⑴の「知識及び技能」，⑵の「思考力，判断力，表現力等」，⑶の「学びに向かう力，人間性」の 3 つの柱について考察しましたが，これらは，それぞれが単独で育成されるものではなく，相互に関わり合いながら高められていきます。

2　学校独自の目標

　平成 29 年告示の学習指導要領では，本章の冒頭で述べたように，各学校の教育課程の編成にあたって，「総合的な学習の時間」との関連を図るよう総則において明確な位置づけがありました。
　また，「総合的な学習の時間」の「第 2　各学校において定める目標及び内容」にも次のような記述があります。

> 1　目標　各学校においては，第 1 の目標を踏まえ，各学校の総合的な学習の時間の目標を定める。

　「第 1 の目標」を踏まえるということですから，「第 1 の目標」で示されたリード文にある次の 2 つの基本的な考え方を踏襲する必要があります。

　考え方 1：探究的な見方・考え方を働かせ，横断的・総合的な学習を行うことを通して
　考え方 2：よりよく課題を解決し，自己の生き方を考えていくための資質・能力を育成することを目指す。

　また，「第 2　各学校において定める目標及び内容」には，次のような記述もあります。

> 3　各学校において定める目標及び内容の取扱い
> 　各学校において定める目標及び内容の設定に当たっては，次の事項に配慮するものとする。
> 　（1）各学校において定める目標については，各学校における教育目標を踏まえ，総合的な学習の時間を通して育成を目指す資質・能力を示すこと。

　「各学校の教育目標」を踏まえるということですから，ここに書かれる目標は，「総合的な学習の時間」においてだけでなく，学校の教育課程全体について効果を期待しているということに注意を払う必要があります。これが総則に書かれた理由でもあります。

また，育成すべき資質・能力については，2つの基本的な考え方と同様に，次の3つの柱を踏襲する必要があります。

　　柱1：知識及び技能
　　柱2：思考力，判断力，表現力等
　　柱3：学びに向かう力，人間性

　これらを適切に踏まえながら，「総合的な学習の時間」において，各学校が育てたいと願う児童像（生徒像）や育成を目指す資質・能力について，地域や学校，児童（生徒）の実態や特性を考慮しながら，創意工夫を生かし，独自に目標を定めます。
　これまで取り組んできたことを修正するのではなく，蓄積や経験を活かしながら，各目標の要素を具現化したり重点化したり，取捨選択や付け加えなどによって目標を設定します。
　各学校が取り組みやすいよう学習指導要領解説には，〔設定例〕とその解説が次のように掲載されているので参考になります。

〔設定例〕
　探究的な見方・考え方を働かせ，地域の人，もの，ことに関わる総合的な学習を通して，目的や根拠を明らかにしながら課題を解決し，自己の生き方を考えることができるようにするために，以下の資質・能力を育成する。
(1) 地域の人，もの，ことに関わる探究的な学習の過程において，課題の解決に必要な知識及び技能を身に付けるとともに，地域の特徴やよさに気付き，それらが人々の努力や工夫によって支えられていることに気付く。
(2) 地域の人，もの，ことの中から問いを見いだし，その解決に向けて仮説を立てたり，調査して得た情報を基に考えたりする力を身に付けるとともに，考えたことを，根拠を明らかにしてまとめ・表現する力を身に付ける。
(3) 地域の人，もの，ことについての探究的な学習に主体的・協働的に取り組むとともに，互いのよさを生かしながら，持続可能な社会を実現するための行動の仕方を考え，自ら社会に参画しようとする態度を育てる。

第3節　「総合的な学習の時間」の内容

　前節の「2　学校独自の目標」のところでも述べたように，各学校の教育課程の編成にあたっては，「総合的な学習の時間」との関連を図るよう総則において明確な位置づけがありました。
　また，目標と同じように「総合的な学習の時間」の「第2　各学校において定める目標及

び内容」にも次のような記述があります。

2　内容　各学校においては，第１の目標を踏まえ，各学校の総合的な学習の時間の内容を定める。

「学校独自の目標」が「第１の目標」を踏まえるということと同じように，内容も「第１の目標」で示されたリード文にある次の２つの基本的な考え方を踏襲する必要があります。（再掲）

考え方１：探究的な見方・考え方を働かせ，横断的・総合的な学習を行うことを通して
考え方２：よりよく課題を解決し，自己の生き方を考えていくための資質・能力を育成することを目指す。

また，「第２　各学校において定める目標及び内容」には，次のような記述もあります。

3　各学校において定める目標及び内容の取扱い
　　各学校において定める目標及び内容の設定に当たっては，次の事項に配慮するものとする。
（4）各学校において定める内容については，<u>目標を実現するにふさわしい探究課題，探究課題の解決を通して育成を目指す具体的な資質・能力</u>を示すこと。（下線は筆者）

各学校において内容を定める際には，下線にあるように「目標を実現するにふさわしい探究課題」と「探究課題の解決を通して育成を目指す具体的な資質・能力」の二つを明示するということです。

1　目標を実現するにふさわしい探究課題

目標を実現するにふさわしい探究課題ですから，目標にある文言からその課題は次の要件を満たす必要があります。これが，「第１の目標」を踏まえるということです。

○探究的な見方・考え方を働かせながら解決に向かう課題
○課題をめぐって展開される学習が横断的・総合的な学習となるような課題
○よりよく課題を解決し，自己の生き方を考えていくことに結びつくような課題

　これらを踏まえながら，各学校は学ぶべき対象を児童（生徒）や地域の実態を考えて設定するわけです。したがって，児童（生徒）や地域の実態，すなわち学校が異なれば，扱う内

容や扱い方も異なって当然ですし，異なるべきです。

　このように学ぶべき対象を学校独自で設定するという取組は，学習指導要領始まって以来のことであり，これまでにはなかった大胆な取組だったことで，「総合的な学習の時間」の創設が大きく注目されたことは，これまで述べてきたとおりです。創設にあたっては先行実験の学校もあったようですが，現場の先生方にとっては，模範や手本とするものも少なく，試行錯誤の連続でした。それから二十数年が経ち，多くの素晴らしい実践等によって方向性は明らかとなり，学習指導要領解説等にも多くの例が示されるようになりました。

　学習指導要領解説に掲載されている小学校，中学校それぞれの探究課題の例は，次のとおりですが，各学校においては，これらをそのまま引用するのではなく，目の前の子供を見て，地域の中を歩いて，どのような探究課題が適切であるのかについて，先生方同士で知恵を出し合いながら考えることが大切です。

（小学校）

三つの課題	探究課題の例
横断的・総合的な課題（現代的な諸課題）	地域に暮らす外国人とその人たちが大切にしている文化や価値観（国際理解）
	情報化の進展とそれに伴う日常生活や社会の変化（情報）
	身近な自然環境とそこに起きている環境問題（環境）
	身の回りの高齢者とその暮らしを支援する仕組みや人々（福祉）
	毎日の健康な生活とストレスのある社会（健康）
	自分たちの消費生活と資源やエネルギーの問題（資源エネルギー）
	安心・安全な町づくりへの地域の取組と支援する人々（安全）
	食をめぐる問題とそれに関わる地域の農業や生産者（食）
	科学技術の進歩と自分たちの暮らしの変化（科学技術） 　　　　　　　　　　など
地域や学校の特色に応じた課題	町づくりや地域活性化のために取り組んでいる人々や組織（町づくり）
	地域の伝統や文化とその継承に力を注ぐ人々（伝統文化）
	商店街の再生に向けて努力する人々と地域社会（地域経済）
	防災のための安全な町づくりとその取組（防災） 　　　　　　　　　　など
児童の興味・関心に基づく課題	実社会で働く人々の姿と自己の将来（キャリア）
	ものづくりの面白さや工夫と生活の発展（ものづくり）
	生命現象の神秘や不思議さと，そのすばらしさ（生命） 　　　　　　　　　　など

（中学校）

四つの課題	探究課題の例
横断的・総合的な課題（現代的な諸課題）	地域に暮らす外国人とその人たちが大切にしている文化や価値観（国際理解）
	情報化の進展とそれに伴う日常生活や消費行動の変化（情報）
	地域の自然環境とそこに起きている環境問題（環境）
	身の回りの高齢者とその暮らしを支援する仕組みや人々（福祉）
	毎日の健康な生活とストレスのある社会（健康）
	自分たちの消費生活と資源やエネルギーの問題（資源エネルギー）
	安心・安全な町づくりへの地域の取組と支援する人々（安全）
	食をめぐる問題とそれに関わる地域の農業や生産者（食）
	科学技術の進歩と社会生活の変化（科学技術） 　　　　　　　　　　など
地域や学校の特色に応じた課題	町づくりや地域活性化のために取り組んでいる人々や組織（町づくり）
	地域の伝統や文化とその継承に力を注ぐ人々（伝統文化）
	商店街の再生に向けて努力する人々と地域社会（地域経済）
	防災のための安全な町づくりとその取組（防災） 　　　　　　　　　　など
生徒の興味・関心に基づく課題	ものづくりの面白さや工夫と生活の発展（ものづくり）
	生命現象の神秘や不思議さと，そのすばらしさ（生命） 　　　　　　　　　　など
職業や自己の将来に関する課題	職業の選択と社会への貢献（職業）
	働くことの意味や働く人の夢や願い（勤労） 　　　　　　　　　　など

２　探究課題の解決を通して育成を目指す具体的な資質・能力

　資質・能力については，本章第1節で述べた「何ができるようになるか」の部分ですので，探究的な学習を通して，目指す児童（生徒）の姿を「知識・技能」，「思考力・判断力・表現力等」，「学びに向かう力・人間性等」の3つの柱に即して具体的に設定します。

　「知識・技能」については，各教科等や「総合的な学習の時間」で習得されたものが，探究的な学習の過程において，繰り返し用いられたり活用されたりしていく中で，それらが各

教科等の枠を超えて，実社会において使えるものになることが重要です。この探究的な学習の過程において，児童（生徒）が教科等の知識や技能の重要性を意識し，その習得に対して前向きになったり，また，そのことによって「総合的な学習の時間」の活動が充実したりするようになることが望ましい姿です。

探究の過程における思考力，判断力，表現力等の深まり（例）			
①課題の設定	②情報の収集	③整理・分析	④まとめ・表現
より複雑な問題状況 確かな見通し，仮説 ⬆	より効率的・効果的な手段 多様な方法からの選択 ⬆	より深い分析 確かな根拠付け ⬆	より論理的で効果的な表現 内省の深まり ⬆
例） ■問題状況の中から課題を発見し設定する ■解決の方法や手順を考え，見通しをもって計画を立てる 　　　　　　　　など	例） ■情報収集の手段を選択する ■必要な情報を収集し，蓄積する 　　　　　　　　など	例） ■問題状況における事実や関係を把握し，理解する ■多様な情報にある特徴を見付ける ■事象を比較したり関連付けたりして課題解決に向けて考える 　　　　　　　　など	例） ■相手や目的に応じてわかりやすくまとめ表現する ■学習の進め方や仕方を振り返り，学習や生活に生かそうとする 　　　　　　　　など

「思考力・判断力・表現力等」については，探究的な学習の過程が繰り返されることによって育成されますので，教師は児童（生徒）に対して，そのような場面や機会を意図的に設定することが重要です。探究的な学習の過程の各段階については，学習指導要領解説に上のように整理されていますので参考になります。

「学びに向かう力・人間性等」については，「自分自身に関すること」と「他者や社会との関わりに関すること」の２つの視点をもつように定められています。

これらのうち「自分自身に関すること」については，目標の３つ目の資質・能力である「探究的な学習に主体的・協働的に取り組むとともに，互いのよさを生かしながら，積極的に社会に参画しようとする態度を養う。」の前半の「探究的な学習に主体的・協働的に取り組むとともに」の部分に関わっています。学ぶことの意味や意義を自覚したり，自分のよさや可能性に気付いたりという内省的な考え方の芽生えを意味しています。

また，「他者や社会との関わりに関すること」については，目標の３つ目の資質・能力である「探究的な学習に主体的・協働的に取り組むとともに，互いのよさを生かしながら，積極的に社会に参画しようとする態度を養う。」の後半の「互いのよさを生かしながら，積極的に社会に参画しようとする態度を養う。」の部分に関わっています。これは，自分の中に築かれた知を，相手の意見や考えを聞き入れつつ，相手に伝えるという能動的な場面，すなわち，よりよい社会に向けて自分の知を伝えるという参画という態度へと変容していくとい

うことを意味しています。

　これら「自分自身に関すること」と「他者や社会との関わりに関すること」の関連については，学習指導要領解説に次のように整理されていますので参考になります。

学びに向かう力，人間性等			
	例）自己理解・他者理解	例）主体性・協働性	例）将来展望・社会参画
自分自身に関すること	探究的な活動を通して，自分の生活を見直し，自分の特徴やよさを理解しようとする	自分の意思で，目標をもって課題の解決に向けた探究に取り組もうとする	探究的な活動を通して，自己の生き方を考え，夢や希望などをもとうとする
他者や社会との関わりに関すること	探究的な活動を通して，異なる意見や他者の考えを受け入れて尊重しようとする	自他のよさを生かしながら協力して問題の解決に向けた探究に取り組もうとする	探究的な活動を通して，進んで実社会・実生活の問題の解決に取り組もうとする

第4節　「総合的な学習の時間」の指導計画

　学習指導要領では，指導計画の作成に当たっての配慮事項として次の7つ（要約）を挙げています。

1　主体的・対話的で深い学びの実現を図ること。その際，創意工夫を生かした教育活動の充実を図ること。
2　全体計画及び年間指導計画には，「目標及び内容」「学習活動」「指導方法や指導体制」「学習の評価」の計画を示すこと。
3　他教科等と「総合的な学習の時間」で身に付けた資質・能力を相互に関連付けること。その際，言語能力，情報活用能力などを重視すること。
4　第1の目標並びに各学校で定めた目標及び内容を踏まえた学習活動を行うこと。
5　各学校における「総合的な学習の時間」の名称は，各学校で適切に定めること。
6　障害のある児童（生徒）の困難さに応じた指導内容や指導方法の工夫を行うこと。
7　道徳との関連を考慮すること。

　一般に学校現場で指導計画といえば，全体計画，年間指導計画，単元計画，本時の学習指導案の4つを指します。「総合的な学習の時間」に限らず，何を指導する際にも計画は必要です。家を建てるのに設計図なしで建てたら大変なことになるのと同じです。

1　全体計画

　全体計画とは，指導計画のうち，学校としての「総合的な学習の時間」の教育活動に対しての基本的な考え方を示したものです。何枚も詳しく記述するのではなく，細かな内容よりも基本的な考え方を理解してもらうのがねらいですので，用紙1枚で全体が見渡せるようなものが適しています。

　「総合的な学習の時間」が創設された平成10年の学習指導要領は，学力低下の逆風によって平成15年12月に一部改正されました。当時は総則の中に「総合的な学習の時間」の記述があり，改正された学習指導要領では，全体計画について次のような記述が追加されたことが注目に値します。

> 　各学校においては，学校における全教育活動との関連の下に，**目標及び内容**，**育てようとする資質や能力及び態度**，**学習活動**，**指導方法や指導体制**，**学習の評価の計画**などを示す**総合的な学習の時間の全体計画**を作成するものとする。

　平成15年の文言とは思えないほど，平成29年告示の学習指導要領のものに比べて遜色がありません。「総合的な学習の時間」が如何に計画的に世の中に発出されたのかを感じとることができます。

　その後も全体計画については，必要性や記述に当たっての留意事項は示されていますが，様式例として示されたのは，文部科学省が平成22年11月に刊行した指導資料「今，求められる力を高める総合的な学習の時間の展開」が初めてです。この様式例には，先の配慮事項の2で記載が求められている「目標及び内容」「学習活動」「指導方法や指導体制」「学習の評価」が全て網羅されているのに加え，「各教科等との関連」「地域との連携」「近隣の小学校・中学校・高等学校等との連携」についても記載する欄が設けられているので，とても参考になります。修正が必要な部分としては，同様式例の「育てようとする資質や能力及び態度」の部分です。平成29年告示の学習指導要領においては，探究課題の解決を通して育成を目指す具体的な資質・能力を3つの柱で示しましたので，それに即して記述し直す必要があります。

　全体計画に盛り込むべきものは，平成29年告示の学習指導要領の解説で，次のように示されています。

(1)　必須の要件として記すもの

・各学校における教育目標
・各学校において定める目標
・各学校において定める内容（目標を実現するにふさわしい探究課題，探究課題の解決を通して育成を目指す具体的な資質・能力）

(2)　基本的な内容や方針等を概括的に示すもの

・学習活動
・指導方法
・指導体制（環境整備，外部との連携を含む）
・学習の評価

(3)　その他，各学校が全体計画を示す上で必要と考えるもの

・年度の重点・地域の実態・学校の実態
・児童（生徒）の実態・保護者の願い
・地域の願い
・教職員の願い
・各教科等との関連・地域との連携
・中学校（小学校や高等学校）との連携
・近隣の小学校（中学校）との連携など

2　年間指導計画

　年間指導計画は，文字どおり年間の指導計画ですから，学年の始まる4月から学年が終わる3月までの間に，児童（生徒）が取り組む学習活動を「何を」「いつ（〇月の下旬など）」「何時間」行うのかということが分かるように配列します。

　児童（生徒）が取り組む学習活動の年間指導計画への配列の仕方は，学習活動の特質によ

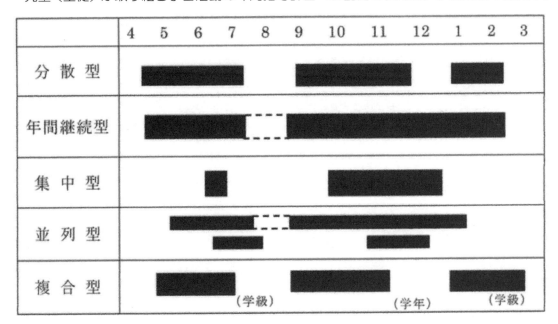

りいろいろなパターンが考えられますが，どのように展開すれば目標の達成に向けて，学習活動がより充実するかを考えて作成します。平成22年11月刊行の指導資料「今，求められる力を高める総合的な学習の時間の展開」では，一例として前ページのような配列のパターンを示しています。

　また，平成29年告示の学習指導要領の解説では，年間指導計画を作成する際の配慮事項として，次の4点を挙げています。

⑴　児童（生徒）の学習経験に配慮すること

　小学3年であれば，小学1・2年生の生活科を中心とした学習経験を引き継ぎます。「総合的な学習の時間」は小学3年生にとって初めての学習です。スタートが「楽しい・面白い」「やってみたい」というように感じさせることができれば，その後の「総合的な学習の時間」への取組が意欲的になります。

　中学1年であれば，小学3年と同じように，中学校の「総合的な学習の時間」の入り口となります。小学校で，どのような「総合的な学習の時間」に取り組んできたのか調べることは重要です。同じような題材であっても，中学生としての見方や考え方を感じさせることで，知的好奇心を抱かせることができます。また，中学生は小学生以上に多感な時期となり感受性が豊かになります。「総合的な学習の時間」で経験したことや感じたことが，その生徒の考え方や生き方の礎になる場合もあります。

⑵　季節や行事などの適切な活動時期を生かすこと

　「総合的な学習の時間」では，児童（生徒）や地域の実態によって探究活動は学校独自のものとなります。それは，地域のお祭りであったり，農作業であったり，あるいはその地域特有の記念行事等であったり様々ですが，それらを学ぶことは，その地域でなければできない貴重なものですから，ぜひ取り入れてほしいと思います。そのためには「総合的な学習の時間」の計画をそれらに合わせる必要がありますが，単に合わせるだけでなく，お祭りでも農作業でも記念行事でも，それらは点として存在するのではなく，それらに伴う準備や後片付けなど，児童（生徒）や教師が知らない部分がたくさんあるはずです。それらを全て通り越して目に見える部分だけを体験するのでは，多くのことを身に付けることができないばかりか，大切なことや正しいことを見失ってしまう残念な体験となってしまいます。季節や行事などの適切な活動時期を生かすことは大変有意義ですが，十分な準備や打ち合わせが必要です。このことは，⑷の配慮事項とも関連します。

⑶　各教科等の関連を明らかにすること

　各教科で身に付けた資質・能力が「総合的な学習の時間」で発揮され強化される，逆に「総合的な学習の時間」で育成された資質・能力が各教科の学習活動で活用されるという繰り返

しによって，その資質・能力がより高次で汎用的な資質・能力へと育成されるためには，各教科等の学習と「総合的な学習の時間」の活動が関連している必要があります。この関連については，各教科等の指導計画と「総合的な学習の時間」の指導計画がどのようになっているのかを精査するところから始めます。平成29年告示の学習指導要領解説では，「総合的な学習の時間」と各教科等の単元を関連付けた年間指導計画の例を下のように示しています。これは中学校の年間指導計画の例です。様式に決まりはありませんが，一つの様式として参考になります。特に中学校においては，教科担任制で授業が行われているため，このように目で見て分かるようにしておくことは重要です。各教科等で身に付けた資質・能力が，「総合的な学習の時間」で必要な資質・能力と同時期に重なるように，各教科等の単元の入れ替えができることが望ましいですが，各教科等は系統性が強い部分も多いため，単元の入れ替えができない場合も多いでしょう。それでも，教師に対する意識付けのために，このように書き出しておくだけでも意義があります。

総合的な学習の時間と各教科等の単元を関連付けた年間指導計画（例）

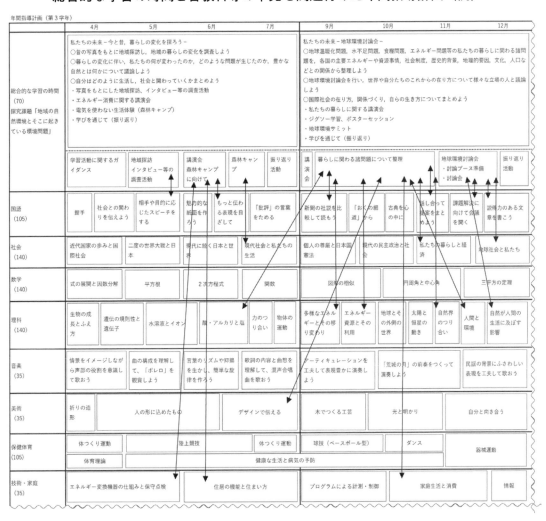

⑷　外部の教育資源の活用及び異校種との連携や交流を意識すること

　「総合的な学習の時間」は机上の学問ではありません。学んだことを実際に目で見たり肌で感じたりすることで，「総合的な学習の時間」としての資質・能力は身に付きます。教師は児童（生徒）にとって，重要な大人ですが，大人全体のほんの一部です。いろいろな大人に接することで，児童（生徒）は自分自身を見つめ直し，生き方を考えるようになります。そのために，計画的に学校を離れることが重要です。計画的に離れるには，離れる目的や時期を明確にしておくことが重要です。このことを明確にしておかないと，「活動はあったけど身に付くものがなかった」ということになってしまいます。⑵でも記しましたが，外部には多くの教育資源があり，それを活用することには大きな意義があります。この意義を最大限にするためには，教師の周到な打ち合わせや準備が必要です。お祭りでも農作業でも記念行事でも，そこにはそれに関わる多くの人がいて，多くの苦労があるはずです。そのことまでを児童（生徒）が感じることが重要です。相手が大人でない場合も同様です。幼稚園や保育園，小学校や中学校，高等学校，特別支援学校などに出向くことが児童（生徒）にとって有意義になるかどうかは，教師の準備次第といっても過言ではありません。

3　単元計画（単元計画としての学習指導案）

　単元とは，課題の解決や探究的な学習活動が発展的に繰り返される一連の学習活動のまとまりです。この学習活動のまとまりを教師が意図やねらいをもって組み立てるのが単元計画ですから，計画の作成には教師の創意工夫が発揮されることになります。その際の注意点はいくつかあるでしょうが，平成 29 年告示の学習指導要領解説では，次の 2 点が特に重要なポイントであるとしています。

⑴　児童（生徒）による主体的で粘り強い課題の解決や探究的な活動を生み出すには，児童（生徒）の興味や疑問を重視し，適切に取り扱う

　これは，単元計画の出発点ですから，最も重要で注意を払わなければなりません。児童（生徒）の興味や疑問を重視するといっても，児童（生徒）から興味や疑問が出てくるのを待っているのではなく，日頃の教育活動の中における児童（生徒）の考えや思いに触れながら，そこに教師の積極的なアプローチが必要な場合もあります。児童（生徒）は自らの内に秘めている興味や疑問に気付かず，教師の働きかけによって気付く場合も往々にしてあるからです。また，その興味や疑問については固定的ではなく，絶えず変化しているというように柔軟に捉えることが必要な場合もあります。このときに大切なことは，児童（生徒）が興味や疑問をもったものならば何でもよいという考え方ではなく，これから始まる探究的な活動に耐えられる教育的な価値であるかどうかということにも，教師は注意を払う必要があります。

(2) 課題の解決や探究的な学習活動の展開において，いかにして教師が意図した学習を効果的に生み出していくか

　ここで扱う題材は，教科のように教科書に出てくるものばかりではなく，むしろ教科書や参考書に載っていないものばかりです。そのときに，児童（生徒）と一緒になって考えることは重要ですが，教師が意図した学習を効果的に生み出すには，児童（生徒）の一歩前を進む必要があります。そのためには，児童（生徒）がどの方向に進んでも対処できるように，十分な予測と教材研究を行っておく必要があります。これは，机上の教材研究だけでなく，教師自身がフィールドワークを行うなどの場合もあります。

　以上の2点を踏まえながら単元計画を作成します。作成の手順については，平成22年11月刊行の指導資料「今，求められる力を高める総合的な学習の時間の展開」に，次のように示されているものが分かりやすく参考になります。

1　全体計画・年間指導計画を踏まえる
2　次の3つの視点から，中心となる活動を思い描く
　(1)　児童（生徒）の興味・関心
　(2)　教師の願い
　(3)　教材の特性
3　探究的な学習として単元が展開するイメージを思い描く
　(1)　児童（生徒）による主体的で粘り強い課題の解決や探究的な活動を生み出すには，児童（生徒）の興味や疑問を重視し，適切に取り扱うこと。
　(2)　課題の解決や探究活動の展開において，教師が意図した学習を効果的に生み出していくこと。
4　単元構想の実現が可能かどうか検討する
5　単元計画として学習指導案を書き表す
　[構成要素]　　○単元名　　　　　　　　　○地域や学校の特色
　　　　　　　　○単元目標　　　　　　　　○社会の要請
　　　　　　　　○児童（生徒）の実態　　　○学校研究課題との関連
　　　　　　　　○育てたい資質・能力及び態度　○各教科等との関連
　　　　　　　　○学習課題，学習対象，学習事項　○単元の評価規準
　　　　　　　　○教材について　　　　　　○指導計画・評価計画
　　　　　　　　○教師の願い
6　単元の実践
7　指導計画の評価と改善

4　本時の展開（本時の学習指導案）

　学習指導案とは，文字どおり学習の指導案ですが，その学習が単元全体を指している場合は，単元計画の作成手順の中にある「単元計画としての学習指導案」を意味し，そこに記した[構成要素]を参考にしながら書き表します。

　学習が単位時間（小学校であれば 45 分，中学校であれば 50 分）を指している場合は，単元計画の作成手順の中にある「単元計画として（の）学習指導案」の[構成要素]の必要な部分を抜き出したり，単位時間に即して書き直したりして「本時の学習指導案」とします。この場合，新たに加えられるのが「本時の目標」と「本時の展開」などです。また，展開部分の様式に決められたものはありませんが，表頭は，「学習活動」「予想される児童（生徒）の反応」「時間」「教師の支援」「指導上の留意点」「評価項目」などです。

　本時とは，単元全体の構想の中に位置づけられているわけですから，単元構想をしっかり整えてから本時を考えるというのが，教師が意図した学習を効果的に生み出すことにつながります。それと同時に，児童（生徒）の興味や疑問を扱うときと同様に柔軟性も必要です。

　これらの「単元計画として学習指導案」及び「本時の学習指導案」については，「展開部を含めた単元計画としての学習指導案」として，【第 5 章「総合的な学習の時間」の実際】で，実際に筆者が取り組んだ実践を紹介します。

第5節　「総合的な学習の時間」の学習指導

　「総合的な学習の時間」は，問題解決的な活動が発展的に繰り返されていく探究的な学習ですから，まず学習過程を探究的にすることが重要です。次に，その学習が児童（生徒）にとって充実したものになるには，この探究的な学習の過程の一つ一つが「主体的・対話的で深い学び」になる必要があります。この節では，学習過程を探究的にするためのポイントと教師のどのような指導が，児童（生徒）の主体的・対話的で深い学びを実現させるのか解説します。

1　学習過程を探究的にするためのポイント

(1)　課題の設定

　課題の設定とは，実社会や実生活の問題など児童（生徒）が自分のこととして捉え，学び
を進めていけるよう課題意識をもたせることです。児童（生徒）が課題意識をもつまで待つ
のではなく，探究的な活動に耐えられる教育的な価値の課題を児童（生徒）がもつよう，教
師が働きかけることが必要です。児童（生徒）はたった一人で生活をしているわけではなく，
人や物や社会や自然等に囲まれています。その中にあって，疑問点を感じたり，矛盾を感じ
たりするような場面に出会うよう，教師は意図的・計画的な仕掛けを作ることが重要です。
この課題については，児童（生徒）の学年や生活環境によって変わってきます。したがって，
教師は児童（生徒）が教育的価値のある課題を意識できるようにするために，児童（生徒）
が日頃どのようなことを感じているのか，地域にはどのような実態があるのかを調べておく
必要があります。児童（生徒）が感じる意識は，自分の周りから離れもっと広い場合もあり
ます。社会問題などの課題は，書物で知ったとしても机上で起こっているわけではありませ
ん。可能な限り，児童（生徒）が自分の目で見たり肌で感じたりできるよう体験をさせるこ
とが重要です。'百聞は一見に如かず'ということわざがありますが，自分の体で感じ取っ
た出来事の衝撃は大きいものです。探究的な課題として問題解決を連続させる原動力となり
ます。

(2)　情報の収集

　設定した課題の解決に向けて，児童（生徒）は観察，実験，見学，調査，体験などを行う
ことになりますが，そのときに配慮すべき点として平成29年告示の学習指導要領解説では
次の3点を挙げています。

○収集する情報は多様であり，それは学習活動によって変わること

　情報には数値の情報，言語化した情報，五感で感じた情報などの様々なものがあるという
ことを，情報収集の際にはあらかじめ知っておくことが重要です。多種多様な情報の中から，
課題解決に向けて必要な情報を取捨選択することになります。

○課題解決のための情報収集は自覚的に行うこと

　目的に向けて情報を収集しようとする場合，そこには自覚的に情報を得ている場合と無自
覚的に情報を得ている場合があります。体験活動の目的をしっかりと立て，自覚をもって情

報収集を行わなければ，活動だけがあって学習のない体験活動になってしまいます。

○収集した情報を適切な方法で蓄積すること

数値の情報，言語化した情報，五感で感じた情報などを整理・分析するときのために，収集した場所や相手などを明示して保管しておくことが大切です。近年ではデジタル化によって，多くの情報を蓄えておくことができます。後日，必要なときに必要なものが取り出せるようにしておくことが大切です。

なお，収集した情報が引用であった場合は引用元等を明示することを指導します。

(3)　整理・分析

収集された情報は，それだけでは意味をもちません。整理して分析をすることで思考する段階へと高められます。そのときに配慮すべき点として平成29年告示の学習指導要領解説では次の2点を挙げています。

○自分自身で吟味すること

観察や実験をしたこと，見てきたこと，調べたことなどの情報が児童（生徒）の手元に集まってきます。最近は，何かを調べるときにパソコン等を使えば簡単に情報を収集することができますので，多くの情報を得ることができます。しかし，自分で調べたものは全体の一部であるかもしれませんし，パソコンで調べた情報の中には，正しくない情報が含まれているかもしれません。より多くの情報を集め，それを自分で吟味することが重要になります。

○どのような方法で情報の整理や分析を行うのかを決定すること

集めた情報は数値もあれば，言語化したもの，あるいは五感で感じたものなど様々です。これらを同じように処理をすることはできません。また，情報の量によっても扱い方を変える必要があります。情報の質や量に応じた処理の方法を選択して発信の準備をします。最初からうまく整理・分析をすることはできませんが，繰り返していくうちにスキルも身に付きます。それも探究的な学習のよさです。また，平成29年告示の学習指導要領が示した“考えるための技法”を意識することも効果があります。“考えるための技法”については，次の「深い学び」で記述します。

(4)　まとめ・表現

情報の整理・分析を行った後，それを他者に伝えたり，自分自身の考えとしてまとめたりします。そのときに配慮すべき点として平成29年告示の学習指導要領解説では次の4点を

挙げています。小学校の解説には，4つ目の項目は配慮事項として記載されていませんが，小学生でも十分に対応ができる内容です。

○相手意識や目的意識を明確にすること

　整理・分析を行いまとめたことを，誰に対して何を目的としているのか意識して発信方法を考えることは重要です。例えば，小さな子供の交通事故が多いということから，保育園や幼稚園の園児に対して交通事故に遭わないように啓発するのには，難しいレポートではなく紙芝居などがよいでしょう。町の活性化ということについて住民に協力を願うのであれば，必要な方策などを目で見えるようにグラフにすれば分かりやすいでしょう。せっかく，よい課題意識をもって調べたのですから，それを生かせるようにしたいものです。

○まとめ・表現することが，自分自身の考えや新たな課題を自覚することにつながること

　「総合的な学習の時間」と特質である探究的な学習の過程は問題解決的な活動の繰り返しです。まとめ・表現を行ったことで終わりではなく，新たな次の高みのある課題につながることが重要です。調べてまとめたことによって，今まで気が付かなかったもっと大切なことに気付いたり，新しい解決法を生み出したりしたことで，児童（生徒）は学び続けることの素晴らしさを感じることになります。

○伝えるための具体的な方法を身に付けること

　相手意識や目的意識を明確にすることに関連することですが，伝える方法を考え，その中から最もよいと思われる方法を選択します。多くの情報を集めた場合は伝えたいことも多くなりがちですが，自分が最も伝えたいことを最小限に絞って効果的に伝えることが重要です。文章や絵，図やグラフなど，方法は様々ですが，見たり読んだりしてもらうことが，まずは一番重要です。一生懸命に調べて素晴らしいことが書いてあっても，見たり読んだりしてもらえなければ意味をもちません。その兼ね合いがポイントになります。

○礼状とその返信を教材として活用すること

　「総合的な学習の時間」では多くの人に協力を仰ぎます。その交流そのものにも児童（生徒）にとっては学ぶことが多くあったはずです。その学んだことの中に，学校外の人との交流の仕方があります。お忙しい中，「総合的な学習の時間」の成功に向けてご協力くださった人たちにお礼を述べたり，礼状を書いたりする社会性は，児童（生徒）が社会に出たときに必要なスキルとして役立ちます。また，学校外の人たちから送られた返信にも多くの教育的価値が含まれています。そのようなことに注意を払うのは，道徳的にも意味があり重要です。

2　探究的な学習過程における「主体的・対話的で深い学び」

(1)　「主体的な学び」の視点

　「主体的な学び」とは，学習中だけでなく，学習後に自ら学びの成果や過程を振り返ることによって，次の「学び」が主体的になることを指します。問題解決的な活動が発展的に繰り返される「総合的な学習の時間」では，この「主体的な学び」の実現のために「課題の設定」と「振り返り」が特に重要です。

　単元計画でも解説しましたが，探究的な活動に耐えられる教育的な価値のある課題を教師は意図的・計画的に児童（生徒）の前に現れるようにします。実社会や実生活の問題など児童（生徒）が自分のこととして捉え，学びを進めていけるような「課題の設定」をします。

　「振り返り」は，「まとめ・表現」したことを新たな課題へとつなげるために必要です。まとめたことを文章やレポートに書き記す作業によって，情報や知識の理解を深めたり自分の意見を明らかにしたりすることになります。考えて書き記す，書き記しながらも考えるという作業は，自分を客観視するメタ認知能力を向上させることにもつながります。この「振り返り」は，「まとめ・表現」したことを新たな課題へつなげるときだけ必要になるのではありません。探究的な学習の「課題設定」「情報の収集」「整理・分析」「まとめ・表現」のどこの場面においても，「振り返り」をすることは重要です。自分が行っている作業を一旦立ち止まって冷静に考えてみる，客観視してみる，あるいは他者の意見を求めてみるなどは，「主体的な学び」を実現する上で重要です。

(2)　「対話的な学び」の視点

　他者と力を合わせて問題の解決や探究活動に取り組むよさについて，平成29年告示の学習指導要領解説では次の3点を挙げています。

○他者への説明による情報としての知識や技能の構造化
○他者からの多様な情報の収集
○新たな知を創造する場の構築と課題解決に向けた行動化

　一人の力では思いつかなかった，あるいは達成できなかったことが，他者と協力をすることで可能となり，より高いレベルのところへ進むことができるということです。

　なお，この「他者」とは，実在する自分以外の人物といった狭義の「他者」ではなく，自己内対話，文献なども含めた広義の「他者」まで含めています。

(3) 「深い学び」の視点

　平成29年告示の学習指導要領では学びの質的な向上を目指しています。「総合的な学習の時間」においては，探究的な学習の過程を一層重要視しています。実社会・実生活の問題について，児童（生徒）が探究的に学ぶ中で，各教科等の特質に応じた「見方・考え方」を総合的に働かせることで，各教科等の個別の「知識及び技能」は関連付けられて概念化し，「思考力・判断力，表現力等」は活用場面と結び付いて汎用的なものとなり，多様な文脈で使える「深い学び」になるということです。

　このような学びを実現させる方法として，平成29年告示の学習指導要領では"考えるための技法"と称して，その活用を促し，同解説において，"考えるための技法"を次のように説明しています。

○順序付ける：複数の対象について，ある視点や条件に沿って対象を並び替える。

○比較する：複数の対象について，ある視点から共通点や相違点を明らかにする。

○分類する：複数の対象について，ある視点から共通点のあるもの同士をまとめる。

○関連付ける：複数の対象がどのような関係にあるかを見付ける。ある対象に関係するものを見付けて増やしていく。

○多面的に見る・多角的に見る：対象のもつ複数の性質に着目したり，対象を異なる複数の角度から捉えたりする。

○理由付ける（原因や根拠を見付ける）：対象の理由や原因，根拠を見付けたり予想したりする。

○見通す（結果を予想する）：見通しを立てる。物事の結果を予想する。

○具体化する（個別化する，分解する）：対象に関する上位概念・規則に当てはまる具体例を挙げたり，対象を構成する下位概念や要素に分けたりする。

○抽象化する（一般化する，統合する）：対象に関する上位概念や法則を挙げたり，複数の対象を一つにまとめたりする。

○構造化する：考えを構造的（網構造・層構造など）に整理する。

　これらは，児童（生徒）が集めた情報等を整理したりまとめたりする際に指針となるものです。探究的な学習過程を「深い学び」にするための方法ですが，方法が目的化しないよう教師の適切な働きかけが重要になります。

第6節　「総合的な学習の時間」の評価

　評価については，平成29年告示の学習指導要領の総則に次のような記述があります。

　児童（生徒）のよい点や進歩の状況などを積極的に評価し，学習したことの意義や価値を実感できるようにすること。また，各教科等の目標の実現に向けた学習状況を把握する観点から，単元や題材など内容や時間のまとまりを見通しながら評価の場面や方法を工夫して，学習の過程や成果を評価し，指導の改善や学習意欲の向上を図り，資質・能力の育成に生かすようにすること。

　各学校においては，校長の方針の下に，校務分掌に基づき教職員が適切に役割を分担しつつ，相互に連携しながら，各学校の特色を生かしたカリキュラム・マネジメントを行うよう努めるものとする。また，各学校が行う学校評価については，教育課程の編成，実施，改善が教育活動や学校運営の中核となることを踏まえ，カリキュラム・マネジメントと関連付けながら実施するよう留意するものとする。

　これらのことから，評価の対象が次の3つであることが分かります。

　1　学習状況の評価

　2　指導方法の評価

　3　教育課程の評価

　このことは，「総合的な学習の時間」の指導計画作成に当たっての配慮事項で示した中の一つである「学習の評価」の計画の例示として，学習指導要領解説に記載されている内容からも読み取ることができます。それは，次のとおりです。

ア．ポートフォリオを活用した評価の充実
イ．観点別学習状況を把握するための評価規準の設定
ウ．個人内評価の重視
エ．指導と評価の一体化の充実
オ．学期末，学年末における指導計画の評価の実施
カ．授業分析による学習指導の評価の重視
キ．学校運営協議会における教育課程に対する評価の実施　など

　これらは，あくまでも例示ですが，ア・イ・ウは学習状況の評価，エ・オ・カは指導方法の評価，キは教育課程の評価と見ることができます。

1　学習状況の評価

　「総合的な学習の時間」は，目標にあるように「よりよく課題を解決し，自己の生き方を考えていくための資質・能力を育成する」という壮大な教育活動です。その資質・能力については，平成29年告示の学習指導要領の「総合的な学習の時間」における改訂の要点として，次のように示されています。

> 　各学校は総合的な学習の時間の目標を実現するにふさわしい探究課題を設定するとともに，探究課題の解決を通して育成を目指す具体的な資質・能力を設定するよう改善した。

　また，前回の平成20年告示の学習指導要領の「総合的な学習の時間」における改善の具体的事項では，次のように示されていました。

> 　各学校において，総合的な学習の時間における育てたい力や取り組む学習活動や内容を，子どもたちの実態に応じて明確に定め，どのような力が身に付いたかを適切に評価する。

　さらに，「総合的な学習の時間」が初めて登場した中央教育審議会の第一次答申には，次のように示されていました。

> 　設定する趣旨からいって，「総合的な学習の時間」における学習については，子供たちが積極的に学習活動に取り組むといった長所の面を取り上げて評価することは大切であるとしても，この時間の学習そのものを試験の成績によって数値的に評価するような考え方を採らないことが適当と考えられる。

　最後の文章にあるように，設定の趣旨から，「総合的な学習の時間」の評価は，創設以来，教科のように数値化した評価（評定）を行わず，活動や学習の過程，報告書や作品，発表や討論の様子から，児童（生徒）の成長した部分について文章で評価を行ってきました。
　○○点〜○○点は5，○○点〜○○点は4というような数値化した評価（評定）は，基準も明確でつけやすいのも事実ですが，そのようにしてこなかったのは，「総合的な学習の時間」で身に付けることをねらった資質・能力は点数化にはそぐわないためです。
　しかし，児童（生徒）の活動した結果や過程のよい点や進歩の状況などを積極的に評価し，学習したことの意義や価値を実感できるようにすることで，児童（生徒）の学習意欲の向上につなげることは，各教科等と同様に，探究的な学習である「総合的な学習の時間」においても，次への動機づけという意味で重要です。そのために必要になるものが評価の規準です。

　「総合的な学習の時間」では，探究課題の解決を通して育成を目指す具体的な資質・能力について，今回設定された3つの柱に沿って，学習指導要領に次のように示されています。

○知識及び技能については，他教科等及び総合的な学習の時間で習得する知識及び技能が相互に関連付けられ，社会の中で生きて働くものとして形成されるようにすること。
○思考力，判断力，表現力等については，課題の設定，情報の収集，整理・分析，まとめ・表現などの探究的な学習の過程において発揮され，未知の状況において活用できるものとして身に付けられるようにすること。
○学びに向かう力・人間性等については，自分自身に関すること及び他者や社会との関わりに関することの両方の視点を踏まえること。

　これらに配慮しながら，各学校では目の前の児童（生徒）にどのような資質・能力を身に付けさせるか具体的に設定します。「小学校，中学校，高等学校及び特別支援学校等における児童生徒の学習評価及び指導要録の改善等について　文部科学省初等中等教育局長通知　平成31年1月21日」等を参考にしながら教師集団で十分に議論することが重要です。

　評価で大切なことは，公正と公平です。総則にも創意工夫の中で学習評価の妥当性や信頼性が高められるよう，組織的かつ計画的な取組を推進すると記述されています。指導の力量も重要ですが，同様に評価の力量も重要であり，一人一人の教師がその力を高めていく必要があります。資質・能力の具体的な姿と同様に，校内研修会で取り上げたり校外の研修会などに積極的に参加したりすることはとても大切です。

2　指導方法の評価

　児童（生徒）の成績が芳しくないときに，「理解力がないな」とか「勉強しないからだ」と児童（生徒）にその責任を転嫁する教師は進歩の見込めない教師です。なぜならば，児童（生徒）が50点をとったとしたら，それは教師の指導力が50点だったことを意味しているからです。児童（生徒）の成績が芳しくないとき，自分の指導方法（内容も含めます）について「どこが悪かったのだろう」「どのように改善すればよいのだろう」とよりよい指導方法（内容）を模索する教師は，進歩を続けることになるでしょう。児童（生徒）を取り巻く環境は重要です。教師は児童（生徒）の最も身近な環境です。そのような進歩を続ける教師に教わる児童（生徒）は，学習内容だけでなく教師の姿勢をも学んでくれることでしょう。

　この結果を指導に生かすという考え方を，「総合的な学習の時間」で考えてみます。「総合的な学習の時間」は，長いものでは一年を通して取り組む場合があります。しかし，一年が終わってからそれを指導に生かすという考え方では，効率的な生かし方とはいえません。一年経ってみないと結果が分からないものもあるでしょうが，細かなスパンで評価を区切って考えることで，次へと生かすことができます。児童（生徒）の取組状況が芳しくない場合，それは方法に原因があるのか，あるいは内容（取り組んでいる対象）に原因があるのかを見

極めます。その見極める目は繊細で微妙なこともあります。例えば，計画がうまく進んでいない場合，教師が良案を提示した方がよいのか，あるいは，あえて示さない方がよいのかということです。探究的な学習過程では，理想として繰り返される問題解決的な学習が上へ上へと進んでいきますが，実際に社会に出た場合はむしろ失敗の方が多いことが考えられます。「こうやって失敗した」という経験は無駄ではないはずです。「こうやってうまくいった」という経験は同様な困難に遭遇したときはもちろんですが，そのスキルは場面が違っても生かされる場合があります。児童（生徒）が自分で進んでいくことのできる領域，ヴィゴツキーの最近接発達領域の考え方で，児童（生徒）を見守りながら，教師自身も探究的な学習過程により児童（生徒）とともに成長しようという心構えが，児童（生徒）を成長させることにつながります。

3　教育課程の評価（カリキュラム・マネジメント）

　本節冒頭の平成29年告示の学習指導要領の総則に「**各学校においては，校長の方針の下に，校務分掌に基づき教職員が適切に役割を分担しつつ，相互に連携しながら，各学校の特色を生かしたカリキュラム・マネジメントを行うよう努める**」とあります。

　カリキュラム・マネジメントとは，児童（生徒）や学校，地域の実態を適切に把握し，教育の目的や目標の実現に必要な教育の内容等を教科等横断的な視点で組み立てていくこと，教育課程の実施状況を評価してその改善を図っていくこと，教育課程の実施に必要な人的又は物的な体制を確保するとともにその改善を図っていくことなどを通して，教育課程に基づき組織的かつ計画的に各学校の教育活動の質の向上を図っていくことです（平成29年告示の学習指導要領の総則より）。
　これを読むと，とてもスケールの大きな内容であるため，校長先生や一部の先生の仕事と思ってしまうかもしれません。しかし，文章の中に「**校長の方針の下に**」とあるので，「**カリキュラム・マネジメントを行うよう努める**」の主語は校長ではなく，一人一人の職員となります。また，全職員が学校の教育目標に向かって，組織の一員として役割を果たしつつ連携しながら行動するということですので，自分の担当分掌のことだけ考えて，それのみで責任を果たしたと解してはいけないということです。

　教育課程とは教育目標の達成に向けた学校の教育計画ですから，「総合的な学習の時間」を含めて各教科等全てに及びます。また，第2節の冒頭に述べたように「**教育課程の編成に当たっては，（中略）総合的な学習の時間の第2の1に基づき定められる目標との関連を図るものとする。**」ということですから，「総合的な学習の時間」は，とりわけ重要だということです。
　つまり，「総合的な学習の時間」を学校の教育目標と関連させて評価することが，教育課程の評価ということです。そのときに参考になるのが，これまで記してきた全体計画や年間

指導計画です。

　「総合的な学習の時間」は，学習指導要領の目標を踏まえ，各学校が自校の教育目標をもとに，目標や内容を適切に定めて，創意工夫を生かした特色ある教育活動が展開される素晴らしい時間です。その素晴らしい時間の評価そのものが学校の教育課程の評価に結びついていくのですから，校内での情報交換や意見交換だけにとどまらず，学校のホームページや学校通信などを活用して，保護者や地域住民に積極的に公開して外部の意見を求め，取り入れていくことは，まさに平成 29 年告示の学習指導要領がねらう「社会に開かれた教育課程」です。

第7節　「総合的な学習の時間」を充実させるための体制づくり

　これまで述べてきたように，平成 29 年告示の学習指導要領では，その総則において「総合的な学習の時間」が学校全体の教育課程の中心的な役割を担っていることが改めて明示されました。したがって，「総合的な学習の時間」の充実は，学校全体の教育活動の充実に向け大きな意味をもち，そのための体制づくりは極めて重要となります。

　この体制について，同学習指導要領解説では，「校内組織の整備」「授業時数の確保と弾力的な運用」「環境整備」「外部との連携」という 4 つの視点を挙げています。これらについて，筆者が「総合的な学習の時間」を実践していた現場にいた立場から，また，校長であった立場から実践的に述べてみます。

1　校内組織の整備

(1)　教師のモチベーション

　やる気があって意欲満々のときとは，自分自身の仕事の成功感にあふれたときです。これを，学校現場の教師の立場で言い換えれば，自分の指導によって，児童（生徒）に変容が現れたときです。

　小学校は学級担任制ですが，「総合的な学習の時間」の授業を担任一人で取り組むことはありません。また，中学校は教科担任制ですが，他教科の授業のように「総合的な学習の時間」の免許状をもっている専門の教師が授業を行っているのではありません。なお，「総合的な学習の時間」の免許状はありません。学校の規模にもよりますが，小学校であっても中学校であっても，同学年の教師同士で協力して「総合的な学習の時間」の授業を創り，活動を行っています。

　どの教科においても，児童（生徒）の理解の助けになるように，教師は教材づくりなどを行っています。教師の努力と工夫によって，児童（生徒）が目を輝かせれば，それは教師の次の活動の原動力になります。「総合的な学習の時間」の活動では，形があるものないもの

を問わず，教材の多くが教師の努力と工夫によって創り上げられています。教材を含めて「総合的な学習の時間」づくりは大変な作業ですが，教師集団が協力し合い，身に付けさせたい資質・能力という具体的に変容した児童（生徒）の姿を思い浮かべ共有し合いながら，「総合的な学習の時間」づくりに向けて教師自身の意欲を高めることが重要です。

⑵　全職員が全児童（生徒）の指導担当

　「総合的な学習の時間」の実践を支えるために，全職員で分担を決め，決められた内容について責任をもつという方法は能率よく作業が進みます。そのために，校内組織があるわけです。この校内組織の考え方を少し進めて，責任をもって取り組んだ作業に加え，全ての作業について目を配るという意識が重要です。担任をしている学級の児童（生徒）のことに責任をもつと同時に，他の学級の児童（生徒）にも目を配るというのも同じ考え方です。

　これと同じように，学校の全職員で，全児童（生徒）の「総合的な学習の時間」の活動を支援するという考え方を全ての職員がもって実践を行います。このような考え方は，「総合的な学習の時間」の指導以外にも児童（生徒）の学習指導面及び生徒指導面においてよい影響を及ぼします。

⑶　風通しのよい職場

　全職員でミーティングを行うことは，重要なことの意思確認等を行うという意味から，年度当初などは，その意義も重要ですが，規模の大きな会議は，決定までに時間がかかったり小回りがきかなかったりというデメリットもあります。探究的な学習という進行形の活動においては，いろいろなことに対してタイムリーで素早く対応するということが重要になります。そこで，打ち合わせをする内容に関係する教師だけでミーティングしたり，学年の教師だけでミーティングしたりという機敏性のある対応が求められます。そして，ミーティング等で話し合われた内容が，紙媒体であってもオンラインであっても，あるいはちょっとした雑談であっても，職員室内に通じるようにするという風通しのよい職場であることが重要です。

⑷　研修の充実

　職員で自校の「総合的な学習の時間」を振り返ることは，非常に重要です。教師自身による「総合的な学習の時間」という探究課題です。振り返る内容は「総合的な学習の時間」の学習過程であったり，単位時間の活動であったりいろいろな内容が考えられます。また，自校に限らず他校の素晴らしい実践を見学したり，研究会に参加したりした内容を見たり聞いたりした職員が，自校に戻って全職員に紹介するという研修もあります。前節の「教育課程の評価（カリキュラム・マネジメント）」の項目に通じるものです。「総合的な学習の時間」は一部の教師だけでなく，全教師で対応することが重要であることを述べてきましたが，有

意義な研修会の開催は，教師一人一人が自分の学校の教育活動をつくっているという意識を高めることにつながります。素晴らしい理論があっても，実際に児童（生徒）を目の前にして実践するのは教師です。その教師一人一人が力強くなることほど，学校の教育力を上げるものはありません。

```
┌─────────────────────────────┐
│  2   授業時数の確保と弾力的な運用        │
└─────────────────────────────┘
```

　授業時数は学校教育法施行規則によって定められていますので，時数の弾力的な運用であっても，定められた時数を最低限確保するのが大前提です。

　授業時数は，年間を35週（小学1年は34週）で計算されているため，多くが35の倍数（小学1年は34の倍数）で示されています。そのことによって，「一週間当たり〇時間」という設定が可能となり，時間割表がうまく組めるわけです。

　しかし，「総合的な学習の時間」では，体験活動が重視され学習活動が多様に展開されます。校外に出てダイナミックに活動が行われたり，地域の行事や季節の変化に応じて集中的に行われたりします。そのため，他教科と同じように「一週間当たり〇時間」というような時間設定では，効果的な教育活動が展開できない場合も多くなってきます。そこで，単位時間（小学校は45分，中学校は50分）にとらわれずに，つまり，45の倍数（中学校では50の倍数）にせずに，単位時間を1ではなく，小数で処理をすることで実施時数を積算するなどによって対応します。また，集中的に行う期間があれば，その期間で取り組んだ「総合的な学習の時間」の授業を，取り組んだ授業数分積算します。いずれにせよ，このような場合には次の2点に留意する必要があります。

⑴　計画を早く立てる

　「総合的な学習の時間」を実施する時刻及び時間の運用を行うには，それ以外の教科などの運用に対する配慮が必要になります。指導する教師や指導場所などによっては，他学級や他学年への影響もあり調整が必要です。学校における教育活動は全て指導計画の上に成り立っていますので，変更が生じる場合には，できるだけ早く（できれば年度の授業が始まる前に）修正をしておく必要があります。

⑵　時数管理をする

　通常の指導時数の積算は「週当たりの時数×週数」で求められます。運用することによって，この公式では求められなくなり，通常とは異なる時数となります。学校教育法施行規則によって定められた時数にするため，絶えず確認と修正という時数管理に努めながら教育活動を進めていく責任があります。

3　環境整備

　環境が整っているかどうかは，「総合的な学習の時間」の活動を進めていくために極めて重要です。児童（生徒）が考える余裕もなく環境を整えすぎることは，児童（生徒）が自分で困難を乗り越えていく上で好ましいことではありませんが，児童（生徒）がもっている資質・能力を最大限に発揮できるようにするのは教師の役目です。児童（生徒）が資質・能力を発揮し，そこから新たな景色の中で見つけた探究課題に取り組み，さらに高い資質・能力を身に付けるというのは「総合的な学習の時間」の指導の醍醐味です。ここでは，「学習空間としての環境」と「学習ツールとしての環境」について述べます。

⑴　学習空間としての環境

　教室は児童（生徒）が生活をし，学習をする場所です。ですから児童（生徒）にとって生活がしやすく，また学習がしやすくなっていることが望ましい環境です。前壁には学級目標が貼ってあったり，後ろ壁には児童（生徒）の作品が貼ってあったり，横壁には係分担が貼ってあったりというのも環境です。そのことで，教室に入ると自然に学習する気持ちになるわけです。これと同じように，図書室もそこに入った瞬間に本が読みたくなるよう，図書を分類別に並べたり，新刊図書の案内を貼りだしたりなどいろいろと工夫をしているはずです。
　「総合的な学習の時間」に関しても，そのような空間があることが望ましい環境です。図書室内の一角を活用して，あるいは，空いている教室を利用して，その場所にこれまで上級生たちが取り組んで発表に使った資料を貼りだすなどすることで，児童（生徒）の「総合的な学習の時間」に対する取組が，より具体的なものになるはずです。

⑵　学習ツールとしての環境

　ツールとしての環境整備も重要です。情報教育に関しては古くから，その重要性や必要性が叫ばれてはいました。平成20年告示の小学校学習指導要領総則「第4　指導計画の作成等に当たっての配慮すべき事項」に次のような記述があります。

> 　各教科等の指導に当たっては，児童がコンピュータや情報通信ネットワークなどの情報手段に慣れ親しみ，コンピュータで文字を入力するなどの基本的な操作や情報モラルを身に付け，適切に活用できるようにするための学習活動を充実するとともに，これらの情報手段に加え視聴覚教材や教育機器などの教材・教具の適切な活用を図ること。

　ここでは，コンピュータに文字を入力するなどの基本的操作の必要性が述べられています。しかし，学校現場では，児童（生徒）一人一人に端末を保持させるまでは進みませんでした。そこで文部科学省は，子供たち一人一人に個別最適化され，創造性を育む教育ICT環境の

実現に向けて，令和元年 12 月に文部科学大臣を本部長とする「GIGA スクール実現推進本部」を設置しました。ICT を含む様々なツールを駆使して，各教科等での学びをつなぎ探究する STEAM 教育（Science, Technology, Engineering, Art, Mathematics 等の各教科での学習を実社会での課題解決に生かしていくための教科横断的な教育）が実現し，社会課題の解決に生かすとしています。

　このような情報機器端末が未整備の中，令和 2 年になって世界的に新型コロナウィルスが大流行し，我が国でも感染症対策として，全ての学校が一時臨時休業となりました。文部科学省のまとめでは，全国の公立小学校，中学校，高等学校及び特別支援学校等における令和 2 年 4 月 16 日時点での臨時休業中の学習方法であるオンライン授業の取組状況はわずか 5％でした。「総合的な学習の時間」において，教科等を越えた全ての学習の基礎となる資質・能力に「情報活用能力」が位置付けられましたが，このような実態から，その必要性は益々大きくなっていくことが予想されます。ICT 教育環境が急速に進み，ICT 機器の充実とともに，これを指導する教師の ICT 活用指導力も進める必要があります。

4　外部との連携

　「総合的な学習の時間」では，実社会や実生活の事象や現代社会の課題を取り上げるため，地域の素材や地域の学習環境を積極的に活用する学習となります。この学習を充実させるには，保護者や地域の住民，あるいは専門的な技能をもっている方，行政機関や諸施設の職員等，幅広い人材との交流が欠かせません。人材との交流は，知識や技能に触れることだけでなく，交流すること自体に目的がある場合もあります。このような学校外部の人たちの協力を得て進める教育活動を充実させるためには，活動はあったが十分な収穫を得られなかったということがないように，事前に十分な打ち合わせ等を行い，教育活動の趣旨やねらいを協力者に理解してもらう必要があります。また，児童（生徒）が「総合的な学習の時間」の活動を行う際には，「代表者としてのあいさつ」「お礼のあいさつ」も大切です。

(1)　代表者としてのあいさつ

　活動を行うのは児童（生徒）ですから，児童（生徒）があいさつを行うのは当然ですが，児童（生徒）があいさつに出向く前には必ず「総合的な学習の時間」の活動を進める担当者があいさつに出向き，児童（生徒）があいさつを行う旨を伝え，その部分から「総合的な学習の時間」の活動であることを説明し，外部の人たちと触れることについての意義を理解してもらうことが重要です。さらに，「総合的な学習の時間」の担当者が出向く前には，この活動は学校の教育活動ですから，校長自らあいさつに出向くことが重要です。そのことは，学校がいかに「総合的な学習の時間」を重要視しているかという意思表示にもなります。当

然，細かな部分の打ち合わせは，「総合的な学習の時間」の担当者が行うことになりますが，それでも校長のあいさつは重要です。

(2)　お礼のあいさつ

　活動が充実していればしているほど，「総合的な学習の時間」が終わると，児童（生徒）はほっとしてしまいがちですが，第5節でも述べたように，きちんとしたお礼状を書くことは非常に重要です。特に最近では，メールなどで相手との言葉のやりとりが簡略化している傾向にあります。教科等の枠を越え全ての学習の基礎となる資質・能力に「言語能力」が位置づけられているのも，このような実態があるからです。協力をしてくださった外部の人は，時間と労力を使って学校の教育活動を応援してくださいました。その応援は目に見えていた部分だけではなく，児童（生徒）や教師が知らない部分でのご協力もあったはずです。お礼状の形式を指導する必要はあるでしょうが，形式にとらわれない心のこもったお礼状を送ったり述べたりすることは，いずれ社会に出ていく児童（生徒）にとって極めて重要な意味をもっています。

＜章末問題＞

【4－1】　「総合的な学習の時間」が設けられた意義や目的は何ですか。

【4－2】　「総合的な学習の時間」において，各学校が目標を定める際に留意すべきことは何ですか。

【4－3】　「総合的な学習の時間」において，育成すべき資質・能力はどのようなものですか。

【4－4】　目標を実現するにふさわしい「探究課題」とは，どのような「課題」ですか。

【4－5】　「総合的な学習の時間」において，指導計画を作成する上で配慮すべきことは何ですか。

【4－6】　「総合的な学習の時間」の学習指導及び評価において，配慮すべきことは何ですか。

第5章

「総合的な学習の時間」の実際

いよいよ最終章です。前章までは，主に「総合的な学習の時間」の理論を述べてきました。創設された平成10年の学習指導要領から今日まで，実際に子供たちを指導する現場の先生方のたゆまぬ努力によって，また数度の学習指導要領の改訂によって，「総合的な学習の時間」は洗練されてきました。第5章は，その実践編です。「総合的な学習の時間」の活動は，どのような児童（生徒）を育てたいのか，どのような資質・能力を育てようとしているのかを明確にした上で，その実現に向けて行われる各学校の創意工夫あふれる教育活動です。この実践編を参考にしながらも，目の前の児童（生徒）を見ながら各学校独自の創造性を発揮することが大切です。

第1節　単元計画としての学習指導案

平成10年の学習指導要領では「総合的な学習の時間」のねらいが記され，その内容は「地域や学校，児童の実態等に応じて，横断的・総合的な学習や児童の興味・関心等に基づく学習など創意工夫を生かした教育活動」と述べられています。

洗練された平成29年告示の学習指導要領における「総合的な学習の時間」においても，この創意工夫を生かした教育活動は十分に期待され，前章第4節の「『総合的な学習の時間』の指導計画」で述べたように，単元づくりにおいては，次の2点が重要ポイントであるとしています。

---

(1)児童（生徒）による主体的で粘り強い課題の解決や探究的な活動を生み出すには，児童（生徒）の興味や疑問を重視し，適切に取り扱う。

(2)課題の解決や探究的な学習活動の展開において，いかにして教師が意図した学習を効果的に生み出していくか。

また，その作成の手順については，平成22年11月刊行の指導資料「今，求められる力を高める総合的な学習の時間の展開」の記述が参考になります。

　これらを参考としながら，本書の「はじめに」で記述した「教材探しの旅」によって筆者が当時創り上げた単元を，"第4章「総合的な学習の時間」の発展"に準拠させて，「単元計画としての学習指導案」として書き直してみました。この作業を通して，改めて平成10年当時の「総合的な学習の時間」と現在の「総合的な学習の時間」の基本的な考え方が共通していることに気付かされます。

　なお，「単元計画としての学習指導案」については，他の教科等と同様で，特に決められた様式はありません。文部科学省が刊行した実践例もどれも素晴らしい内容ですが，様式にこだわることなく，活動に取り組みやすいよう，また取り組んだ実践例を書きやすいよう各学校が工夫して記述しています。

1　単元名　今が地球を救うとき（第5学年　70単位時間）

2　単元（教材）について

　地球の誕生から約46億年という長い歴史に比べ，人類は地球に現れてわずか400万年しか経っていません。それなのに，人類はまるで支配者のように，我が物顔で生活をしています。特に産業革命後の最近200年ほどの科学技術の発達は，急速に取り返しのつかない環境問題を引き起こしています。しかし，そのときそのときを生きる一人の人間にとっては，目先の便利さを揺るがすほど大きく意識されることもなく，地球規模での問題把握は困難だったようです。そして今，確実に進行してきた環境問題は，地球の隅々まで達し加速度的に汚染を広めています。人類は，国境を越え利害を超え，地球人として一刻も早くその解決に取り組むときがきています。

　環境問題は，便利さを求めた結果として，引き起こされました。原因も結果もはっきりしているにもかかわらず，現状の取組はその解決にはほど遠いものです。それは，この問題への危機意識の希薄さにあります。危機意識の希薄さの理由の一つとして，環境問題が地球規模となり，緊急性が叫ばれるものの，その規模が大き過ぎ，環境問題への体験不足ゆえに意識をもつことを妨げていることが考えられます。もしそうであれば，実体験と結びつけることが，環境問題に取り組む最初の一歩として重要であり，そこに教育の大きな役割があるといえます。

　例えば，小学校における環境問題の切り込み口を考えたとき，児童が自分で体験つまり体で感じることができる身近なものとして空気があります。空気は誰でも関わりをもっているものですから，問題を共有することができます。空気の様子について，自分の目で見て，耳で聞いて，鼻でかぐことができれば，児童はきっと環境問題に対して興味関心を抱くに違いありません。空気は，全ての生命が生きていくために欠くことのできないものの一つです。海の中で誕生した生命が陸上にあがって約4億年が経ちますが，空気は健全に循環され，動植物は常にきれいで豊かな空気を享受してきました。その空気が短期間のうちに異常事態

となっている事実は，児童にこの問題の原因や解決策等を含め深く考えさせる探究課題となるはずです。空気の様子を示すものはいくつかありますが，児童にも分かるものとして，地球温暖化の原因といわれている二酸化炭素があります。それを探究課題の例に挙げ，濃度測定を行い，現在の豊かな生活のために二酸化炭素濃度の上昇が引き起こされている事実を体験すれば，児童は環境問題に対して関心を高め，危機に対しての意識をもつはずです。

　地球は宇宙（太陽）からエネルギーを吸収し，また逆に宇宙にエネルギーを放出して，このバランスが今の生命が存続するにふさわしい環境を作り出していますが，地球温暖化とは，二酸化炭素等の温室効果ガスが大気中に多くなることによって，宇宙に放出されるべきエネルギーが放出されず，今までの微妙なバランスが崩れ，地球全体が暖まってしまうことです。地球規模の異常事態は，農業生産や国土保全はもちろんのこと生態系に大きく影響を及ぼし，人類の生存にとっても深刻な事態が起こるといわれています。二酸化炭素の増えすぎは由々しき問題ということです。これを解決するのが植物の存在で，大気中の二酸化炭素をはじめ様々な汚染ガスを吸い込み，空気を浄化するという大切な働きをしています。地球温暖化というと難しく科学的な問題も，それを解決するものが身の回りにあって授業でも低学年の頃から扱ってきた植物と聞くと，急に話が身近になります。樹木や草などの植物は，美しい緑をはじめ豊かな花の色彩で，精神的に人間の心を和ませてくれます。また，その物自体が栄養源となって人間や動物の糧となってくれたり，「食」だけでなく，我々が生きる上で「衣」や「住」の役目を果たしてくれたりしています。このように横断的・総合的な学習が可能となる植物を「総合的な学習の時間」の探究課題として扱うことには大きな意義があります。

　環境問題を教育課程の「総合的な学習の時間」の探究課題に位置付けるには，その内容と方法の工夫が必要です。空気は，5年生の児童が教科を学習した延長として扱うことができる内容であるのと同時に，空気の汚れやそこからの問題について体験を通して無理なく取り組むことができます。したがって，環境に関する問題は多くありますが，空気，具体的には二酸化炭素濃度の上昇を抑えるための「二酸化炭素を吸収する植物」と「二酸化炭素の排出を抑えた暮らし」の2つの視点は，探究課題としてふさわしいものと考えられます。

　さらに，身に付けた知識や技能，資質や能力が，児童の生活の中において汎用化されることが重要です。そこで，学校で学んだ知識や技能，資質や能力を生かす場として，保護者の協力を得て各家庭において節電を実施することとしました。身近な実践ですが，共通に環境問題に取り組める活動です。蓄積された環境問題の解決には，やはり長い時間が必要となります。また，地球規模の問題ですが，最初の一歩は，児童を取り巻く地域や家庭の中にあります。生活の便利さと引き換えに生じた環境問題ですから，問題の解決には，生活の不便さが生じることになることでしょう。それでもなお，環境問題の解決に取り組む姿勢をもち続けるには地球人としての自覚が必要です。環境教育は知識の伝授ではなく，地球人としての自覚，すなわち問題の解決に向けた具体的な行動が伴わなくてはなりません。そのために，環境教育に対する保護者をはじめ地域の方々の協力を得たり，必要ならば啓発を行ったりする必要があります。環境は大きなサイクルですから，全ての人が一緒になって行動していく必要があります。

このように始められた探究課題の推進力は児童の感受性です。基本となる筋道はあるものの，例として挙げた空気を学習の起爆剤として，その後の児童の探究課題は，子供の可能性が無限であるのと同じく，子供の数だけ存在するといえます。空気という探究課題を設定し，その最初の問題解決の活動を全員が乗り組んだ母船と考え，その母船で培った推進力によって，探究的な学習を続けることで，よりよく課題を解決し，自己の生き方を考えていくための資質・能力を身に付けることになります。

3　児童の実態（小学5年113人）
　環境問題を「総合的な学習の時間」の探究課題として扱うに当たり，児童の環境問題に関するレディネスの把握を目的として，次のようなアンケートを実施しました。
⑴「知識・技能」に関して
①人間が生きていくために絶対に必要なものは何だと思いますか
　　　食料・・101人
　　　水・・・・95人
　　　空気・・・52人
　「食料」と「水」については，生活の糧として意識付けされていますが，「空気」については目に見えないため，回答として気付かない児童がいるようです。しかし，植物については，「生きていくため」というようには意識されていません。なお，「家族」「友情」等の精神面の回答は割愛しました。

②植物が生きていくために絶対に必要なものは何だと思いますか
　　　水・・・105人
　　　日光・・・94人
　　　土・・・・79人
　　　肥料・・・49人
　　　空気・・・13人
　児童は植物を育てる機会を，低学年での生活科から始め，学習も行ってきました。それは，種をまき水を与え太陽に当てるというものです。そして，5年生になって肥料を与えたものと与えないものの対照実験を行いました。この5年生の肥料についての実験は，肥料が自然界の土の中にも存在するため，土としてバーミキュライトを用いました。これら一連の学習が身に付いているようです。しかし，空気については，人間の場合と同様に理解している児童は少ないようです。

③草や木などの植物は人間の生活に役立っていると思いますか
　　　役立っている・・・98人
　　　主な意見　空気をきれいにしてくれる・・・・34人
　　　　　　　　精神的な安らぎを与えてくれる・・24人
　　　　　　　　食料になる・・・・・・・・・・20人

　　　　　　家や家具，生活用品になる・・・・１７人
　　　　　　日陰を作ってくれる・・・・・・・１１人
　　　役立っていない・・１４人

　人間が生きていくために絶対に必要なものとして，植物を挙げた児童はいませんでしたが，ほとんどの児童が「役立つ」という認識で植物の存在を認めています。しかも，空気の浄化という認識をもっている児童もいます。植物にとって空気とは，植物自身の生命の維持に必要なものではなく，空気の浄化のために植物の存在があるというように考えているようです。

⑵「思考・判断・表現」に関して
①　環境問題を主に何から知りましたか

テレビから	６２人
新聞から	３８人
本・雑誌から	１７人
自分の体験から	７人
家族から	４人
ラジオから	１人

　児童が情報を知る方法の大半はテレビという受け身的な情報源です。テレビという情報源がいかに児童に浸透しているかが分かります。

②何を通してニュースを知りますか

	Ａ	Ｂ	Ｃ	Ｄ
テレビのニュース番組	４４	３６	１８	９
新聞のニュース欄	１２	２３	２８	４４

　　　Ａ：毎日見る　　Ｂ：見たり見なかったり　　Ｃ：たまに見る　　Ｄ：ほとんど見ない

　児童はテレビのニュースをよく見ますが，新聞のニュース欄はあまり見ていません。テレビのニュースも積極的に見ているのではなく，番組の間隙を縫って放映されるニュース番組が，一方的に頭の中に飛び込んできているのかもしれません。

③あなたは分からないことやふしぎに思うことがあったときどうしますか
　　　　　　　　　　　　　　　　　　　　　　　男子　　　　女子
　調べないと気がすまない・・・・・・・・・・　８人　　　　６人
　すこし調べるが，人に聞く・・・・・・・・・４１人　　　３５人
　すぐに人に聞いてしまう・・・・・・・・・・　５人　　　１０人
　そのままにしてしまう・・・・・・・・・・・　５人　　　　１人

　最後まで自分で調べるという児童が少ないのは，もしそういう場面に遭遇した場合，自分で探究しきれるかどうか不安があるためのようです。調べることについては，男女とも約８割の児童が積極的な回答を示しています。

④あなたは他人に自分の意見や考えを説明できますか

	男子	女子
とてもうまく説明できると思う・・・・・・	5人	0人
まあまあうまく説明できると思う・・・・・	22人	15人
どちらかというと説明は苦手である・・・・	26人	31人
説明は全くだめである・・・・・・・・・・	6人	6人

　うまく説明できると自信をもっていえる児童は少ないようです。「まあまあうまく説明できると思う」を「できる」に加えても，半数以上の児童が自信をもっていません。その傾向は男子よりも女子に強いようです。

⑶「主体的に学習に取り組む態度」に関して
①環境問題に関心がありますか
　　　大変ある・・・21人
　　　少しある・・・61人
　　　あまりない・・22人
　　　全くない・・・・8人

　関心について積極的に「ある」と答えられないのは，何を環境問題というのかはっきりしない部分があることによるものと考えられます。しかし，多くの児童が目を向ける必要性を感じています。

②環境について学習することは重要だと思いますか
　　　とても重要だと思う・・・62人
　　　少し重要だと思う・・・・40人
　　　あまり重要だと思わない・・6人
　　　全く重要だと思わない・・・4人

　ほとんどの児童が，環境問題の解決に向けてその必要性を感じています。環境について学習するということについて，環境問題の学習なのか，解決のための取組なのか，はっきりしていない部分もあるようです。

③家で「節水」や「節電」等に心がけていますか
　　　心がけている・・・61人
　　　　主な意見　節電（のべ41人）
　　　　　　　こまめにスイッチを切っている・・・・・・25人
　　　　　　　テレビ等の予備電気を使わずコンセントを抜く・7人
　　　　　　　エアコン等出力を上げない・・・・・・・・4人
　　　　　　　明るい部屋は照明をつけない・・・・・・・3人

　　　　　　　冷蔵庫はすぐ閉める・・・・・・・・・・・・・２人
　　　　　節水（のべ２７人）
　　　　　　　歯磨きのときなどで水を出しっぱなしにしない・１６人
　　　　　　　風呂の残り湯で洗濯をしている・・・・・・・９人
　　　　　　　トイレのタンクに瓶を入れている・・・・・・２人
　　　心がけていない・・５１人
　ほぼ半数の児童の家庭で，省エネへの取組を行っていますが，児童の知らない部分で親の取組があることを考慮すると，この取組の数値はもう少し多いことが予想できます。

4　指導方針
　児童のレディネスを受けて，児童の探究活動がより活発に行われるよう指導の重点を定めました。（　）及び○数字は，児童の実態の設問に対応しています。
⑴「知識・技能」に関して
①生きていくために必要なものとして「食料」「水」「空気」の３つを挙げていますので，それらが汚染されることで，生きることがどのような重大な危機に結びつくのかを探求させる指導法が重要です。

②空気について人間（動物）の場合とは違う意味で理解していることから，動物も植物も地球上の生命という点で共通していること，特に人間のみが特別な存在ではなく，動植物にとってきれいな水や食料や空気は環境として不可欠なものであり，健全な環境があってこそ健康な生活が送れることを理解させていくことが重要です。

③漠然ですが，植物の存在が空気の浄化という点で重要な意味をもっていることを，約３割の児童が理解していることから，空気の汚れとは何を意味し，空気を浄化するとはどのようになることを指しているのかを，具体的な実験によって明らかにしていくことが重要です。また，精神的な面についても約２割の児童が効果として挙げていますので，そのような考え方も大切に扱い，生きていく上で食料等の糧をとることによる体の健康と同時に，心の健康の必要性に触れることも重要です。

⑵「思考・判断・表現」に関して
①受け身的な情報収集だけでなく，視聴したことをメモに残したり，メモしたことを調べたりという主体的な学習を意図的に計画することが重要です。また，自分の体験から環境問題について考えている児童がいますので，そのような児童の発言等を生かした指導も重要です。

②一方的に飛び込んでくる情報によって知識が構成されることが多く，自分で読んで考えてという経験が少ないことから，新聞等をじっくり読む機会を与え，それに対して自分なりの考えをもたせたり，他人の考えを聞かせたり，さらには意見交換を行わせたり，いろい

ろな立場から環境問題の発生や原因そして解決策を考えられるようにすることが重要です。

③調査や研究について最後まで追究できるかどうかという不安がありながらも，多くの児童が追究意欲に燃えています。この意欲を大切にして，探究的な学習の過程につなげていくことが重要です。

④自分の考えを発表するということに自信をもてていないようですので，調べたり研究したりという探究的な学習を主体的に行わせるとともに，その結果については小集団でまとめ・表現することからはじめるなど，スモールステップで自信をもたせていくことが重要です。

⑶「主体的に学習に取り組む態度」に関して
①何が環境問題であるのかがはっきりしていない児童もいることから，特別な事象が環境問題ではなく，自然を大切にしたり物を粗末に扱ったりしない等の身近な取組が，限りある資源を有効に使い地球に優しい行動であることを，様々な場面で例を挙げながら分かりやすく説明することが重要です。

②環境教育について一部の児童がその必要性を感じていないようですので，環境教育の目標は知識としての理解でなく地球人としての行動力であり，具体的に一つ一つの場面でどのようなことを指しているのか，教師がしっかりとした方向性をもつことが重要です。

③半分以上の家庭で省エネをすでに実行していることから，その実績を称え学校教育に生かしていく方策が重要です。二酸化炭素の排出量を減らすということが特別なことではなく，日頃行っている省エネが最も身近な排出抑制の方法であることを説明し，環境学習への理解を深めてもらいます。さらに，具体的な方法や効果について，家庭の立場から意見を提出してもらい，全体への啓発と今後の発展につなげていくことが重要です。各家庭の協力を得るために，学年通信等を活用していくことも重要です。

5　探究課題の解決を通して育成を目指す資質・能力

知識及び技能	多様性	ア．全ての生物は，様々な特徴をもち，それを生かすことで種の存続をしていることが理解できる。
	相互性	イ．地球上の全ての生物は，単独ではなく周辺の環境と関わって生きていることが理解できる。
	有限性	ウ．自然環境は無限ではなく，破壊後の修復は多くの時間を要し困難であることが理解できる。
思考力，判断力，表現力等	課題の設定	ア．環境問題を発見し設定を行い，その解決に向けた道筋を立てることができる。

	情報の収集	イ. 情報収集の手段を選択し，必要な情報を取捨選択しながら蓄積することができる。
	整理・分析	ウ. 集められた情報の本質を見極め，課題解決に向けて，それらを比較したり関連付けたりできる。
	まとめ・表現	エ. 相手や目的に応じて分かりやすくまとめ・表現するとともに，自分の学習や生活に生かすことができる。
学びに向かう力，人間性等	自己理解	ア. 自分の特徴やよさを生かし，探究活動における自己の有能感や存在感を感じている。
	他者理解	イ. 異なる意見や他者の考えを聞き，そのよさを尊重している。
	主体性	ウ. 自分のよさを生かして，探究活動にすすんで取り組もうとしている
	協働性	エ. 自他の意見や考えの共通部分や違いを生かしながら，探究活動に取り組もうとしている。
	将来展望	オ. 探究的な活動を通して，自己の生活の仕方や生き方をよりよくしようとしている。
	社会参画	カ. 探究的な活動を通して，環境問題について進んで社会に発信しようとしている。

6　単元の目標

　環境問題の一つで，地球温暖化の原因と考えられている二酸化炭素の排出量削減に向けた実践的活動を切り込み口として，多種多様な環境問題についてより正しく知り，環境に優しい生活を送ることができる。

7　単元の評価規準

知識・技能	思考・判断・表現	主体的に学習に取り組む態度
①地球上の空気の汚れについて，その原因とそれによって引き起こされる問題を理解している。 ②家庭におけるエネルギーの使用状況を把握し，その省エネの方策を理解している。 ③探究的な学習の過程において，課題の解決に必要な知識や技能を身に付け，課題	①地球上の空気の汚れについて，新聞や雑誌等から関連する記事を集め，そこから導き出された内容を表現している。 ②家庭におけるエネルギーの使用状況を把握するために資料を集め，それを分析したものを表現している。 ③実社会や実生活の中から	①地球上の空気の汚れについて，その解決に向け積極的に考えようとしている。 ②家庭におけるエネルギーの使用状況について，家族とともに協力しながら問題を解決しようとしている。 ③探究的な学習に主体的・協働的に取り組もうと

に関わる概念を形成するとともに，探究的な学習のよさを理解している。		問いを見いだし，自分で課題を立て，情報を集め，整理・分析して，まとめ・表現している。		しているとともに，互いのよさを生かしながら，積極的に社会に参画しようとしている。

8 単元計画（全70時間計画）

過程	時	子供の活動と内容	○指導上の留意点 ［関連する評価規準］	他教科等との関連
課題の設定	1 1	(1)環境問題に目を向ける活動 　①生活体験からの認識 　②新聞・雑誌等からの知識	○空気の汚れ等身近な問題で考えさせる。 ［ 知識・技能 ① ］	国語 「わたしたちの生きる地球」 国語 「新聞をもとに聞く・話す」
情報の収集	2 2	(2)環境問題を共有する活動 　①地球温暖化の問題点や原因，解決策の追究 　②空気の測定実験 　（学校薬剤師とのＴＴ）	○二酸化炭素については，教科書の内容に沿って，次時の事前学習として位置づける。 ［ 主体的に学習に取り組む態度 ① ］ ○児童の安全に十分留意する。	国語 「一秒が一年をこわす」 体育 「病気の予防と健康」
整理・分析	2	(3)環境問題に取り組む活動 　　　　＜共通＞ 　①二酸化炭素の排出を抑えることを目的とした，電気使用量の削減方法	○日頃行っている各家庭の取組を参考にさせる。	東京電力によるエネルギー講座
まとめ・表現	2	②今までの学習の振り返り	○家族における話し合いの内容についても，可能な限り取り入れる。 ○明らかになったこと，疑問に感じたことなどを積極的に発表させる。 ［ 思考・判断・表現 ① ］	
課題の	2	③家族で話し合ったことをもとにした省エネに向けての具体的方策の決定	○昨年の同時期との比較により，実践の効果を確かめられるようにする。 ［ 知識・技能 ② ］	

設定				
情報の収集	20	④＜各家庭における節電＞	○家庭の協力が十分に得られるよう，学年通信等での啓発活動に努める。 ［ 主体的に学習に取り組む態度 ② ］	家庭科 「ごみのしまつと不用品の活用」
		⑤自動車工場見学の事前指導３及び当日指導３	○見学する工場では，特に環境対策に重点を置いて取り組んでいることから，その部分も見学の視点に含める。	社会 自動車工場見学
		⑥校外学習の事前指導７及び当日指導７	○植樹は傾斜地での作業になるため安全に十分気を付けるとともに，植樹の目的や足尾銅山との関連も指導する。	校外学習 （足尾銅山，植樹体験，富弘美術館）
整理・分析	14	⑦家庭における節電の整理４	○各家庭状況の違いに配慮する。	
		⑧自動車工場見学の事後指導３	○なぜ工場では環境対策に力を入れているのか考えさせる。	
		⑨校外学習の事後指導７	○失われた自然が短期間では回復しないことに気付かせる。	
まとめ・表現	6	⑩電気使用量の削減のまとめ	○今回の実践をガスの使用量や水の使用量を減らすことに結びつける。 ［ 思考・判断・表現 ② ］	算数 「百分率とグラフ」
		⑪工場見学のまとめ	○新しく知ったことや気付いたことなどに視点を当てさせる。	社会 「環境を守る森林の働き」
		⑫校外学習のまとめ	○自分たちの体験が後世に引き継がれるということに気付かせ重点化する。	「限りある地球と日本の国土」
課題の設定	2	⑷環境問題に取り組む活動 　　　　　＜発展＞ 　①個人テーマの決定	○今までの実験，学習，体験を通して，疑問に思ったことやさらに調べたいことを考える。 ［ 知識・技能 ③ ］	
情報の	6	②個人テーマの追究	○自由研究の手引きを参考に調査，研究を進める。 ［ 主体的に学習に取り組む態度 ③ ］	夏休みの自由研究 国語 「みんなの読書生

収集				活」
整理・分析	8	③班編成	〇啓発対象別チームを作り，その中でリーダーのもと，班編成を行い，自分が追究したいテーマについては，専門家として責任をもつ。	環境庁こども葉っぱ判定士事業パンフレット
まとめ・表現	2	④情報の発信	〇自分が調査・研究したものを，その内容にふさわしい場所へ情報発信をすることによって，環境問題の警鐘を行う。［ 思考・判断・表現 ③ ］	道徳「自然や崇高なものとの関わり」理科「さけの卵のふ化」

9　各教科及び領域との関連

①国語

　平成29年告示の学習指導要領国語科の目標の(2)は，「日常生活における人との関わりの中で伝え合う力を高め，思考力や想像力を養う。」です。このような能力の育成は，言語活動を通して行われることから，全ての教科等の基盤であり，環境教育においても然りです。

　読み物やメディア等によって得られた知識を学習者の実体験と結びつける本単元においては，「第5学年及び第6学年　2内容　〔知識及び技能〕では(2)アとイ，〔思考力，判断力，表現力等〕ではA 話すこと・聞くこと，B 書くこと」の全ての項目と深い関わりをもっています。

②社会

　社会科の目標の(1)(2)は，「(1)―（略）―様々な資料や調査活動を通して情報を適切に調べまとめる技能を身に付けるようにする。(2)社会的事象の特色や相互の関連，意味を多角的に考えたり，社会に見られる課題を把握して，その解決に向けて社会への関わり方を選択・判断したりする力，考えたことや選択・判断したことを適切に表現する力を養う。」です。環境教育においても，知識の伝授ではなく，地球人としての自覚すなわち問題の解決に向けた具体的な行動力をねらっていますので，これらの目標と多くの部分で重なります。

　自分が地球に住んでいる人間であり，そこでの自然に深く関わっているという自覚を養う本単元においては，「第5学年　2内容　(1)我が国の国土の様子と国民生活，(3)我が国の工業生産，(5)我が国の国土の自然環境と国民生活との関連」と深い関わりをもっています。

③算数

　算数科の目標⑴⑵は，「⑴―（略）―日常の事象を数理的に処理する技能を身に付けるようにする。⑵日常の事象を数理的に捉え見通しをもち筋道を立てて考察する力，―（略）―，数学的な表現を用いて事象を簡潔・明瞭・的確に表したり目的に応じて柔軟に表したりする力を養う。」です。環境教育においても，見通しをもった思考力や結果を数学的に処理したり目的に応じて表現したりする能力は極めて重要です。

　データ処理により現状を正しく理解し，目的に向かって数量を扱う本単元においては，「第5学年　2内容　Dデータの活用」の全ての項目と深い関わりをもっています。

④理科

　理科の目標は，「⑴―（略）―観察，実験などに関する基本的な技能を身に付けるようにする。⑵観察，実験などを行い，問題解決の力を養う。⑶自然を愛する心情や主体的に問題解決しようとする態度を養う。」です。環境教育においても，身近な自然に触れ足元から考え方を拡大していくことから，これらの目標と多くが共通します。

　動植物が環境に与える影響について「緑」と「空気」を例に挙げて学習する本単元では，理科の全ての学年の「2内容　B生命・地球」と深い関わりをもっています。

⑤生活

　生活科の目標は，身近な人々，社会及び自然を自分との関わりで捉えることです。環境教育の基本が，環境に対して関心と感受性をもつことですから，そのためにも自分の五感を使った活動は不可欠です。特に，児童期の環境教育にとって最も重要なことは，足元をしっかり固めることですから，そのために身の回りの事象に多く触れ，それらのあるべき姿を十分考えさせ，自らの力で解決に向けた糸口を探る能力を身に付ける基礎として，「第1学年及び第2学年　2内容」と深い関わりをもっているといえます。

⑥音楽と図画工作

　音楽科と図画工作科の両者の共通する目標である「豊かな情操」については，環境教育の基本である環境に対する関心と感受性に通じます。

⑦家庭

　家庭科の目標は，「日常生活の中から問題を見いだして課題を設定し，様々な解決方法を考え，実践を評価・改善し，考えたことを表現するなど，課題を解決する力を養う。」ことです。私たちの生活は環境と無縁ではないことから，どのような生活を送るべきかを考える家庭科の学習は，環境教育と表裏一体といえます。

　環境に優しい生活を保護者も含めて考える本単元では，「第5学年及び第6学年　2内容」と深い関わりをもっています。

⑧体育

体育科の目標は，身近な生活における健康・安全について理解することです。

空気の汚れを例として扱う本単元では，「第5学年及び第6学年　2内容　G保健」と深い関わりをもっています。

⑨道徳

特別の教科道徳の目標は，「よりよく生きるための基盤となる道徳性を養うため，道徳的諸価値についての理解を基に，自己を見つめ，物事を多面的・多角的に考え，自己の生き方についての考えを深める学習を通して，道徳的な判断力，心情，実践意欲と態度を育てる。」です。

人間が地球の支配者という驕った考えを捨て，自然に対して畏敬の念をもち，豊かな心の育成を目指す本単元では，「第2内容　D主として生命や自然，崇高なものとの関わりに関すること」の全ての学年の内容と深い関わりをもっています。

⑩特別活動

特別活動の目標は，「―(略)―集団や社会における生活及び人間関係をよりよく形成するとともに，自己の生き方についての考えを深め，自己実現を図ろうとする態度を養う。」です。周りと調和のとれた生活を送ろうという自主的実践的な態度の育成をねらう特別活動は，環境教育に重複する面が多くあります。

各種活動や発表会等の啓発活動を伴う本単元においては，特別活動の各活動・学校行事と深い関わりをもっています。

第2節　本時の学習指導案（第5，6時の目標と展開等）

単位時間の学習指導案とは，第1節「単元計画としての学習指導案」に引き続いて，本時のみの目標や評価規準，展開を加えたものを指します。本書の場合であれば，前節の「単元計画としての学習指導案」が「9　各教科及び領域との関連」で終了していますので，次のようになりますが，「単元計画としての学習指導案」と同様に，特に決められた様式はありません。実践のための指導案ですから，実践しやすいよう各学校で工夫することが大切です。

```
10　本時について
⑴目標
⑵評価規準
⑶単元の中の位置づけ
⑷展開
```

　また，通常本時とは，1単位時間（小学校は45分，中学校は50分）を指しますが，学習や活動の内容によって柔軟に変える必要性があることについては，前章第7節の「授業時数の確保と弾力的な運用」で記述しました。今回は学校薬剤師の先生の協力を得ながら二酸化炭素の濃度に関する実験を行うため，2単位時間としました。このような運用を行う際には，通常の授業以上に事前の準備が必要になります。特に外部の専門家を招く場合には，十分に時間をかけて事前の打ち合わせを行う必要があります。

　なお，「単元計画としての学習指導案」に引き続いて，「本時の学習指導案」を記述する場合には，「単元計画としての学習指導案」の単元計画の該当時間のところに「本時」と記述しておくと，どの部分の指導をしているのかが一目瞭然となり，見る人に対して親切です。本節では，前節に続く形として「10　本時について」から記述します。

10　本時について

(1)目標

　自然界に存在する二酸化炭素は，人間の呼気によって増えるが，その程度の増え高は植物によって浄化される。それに比べて，化石燃料を燃やして排出される二酸化炭素の量は莫大であり，植物による浄化では追いつかないことを知り，生活が便利になっていく反面，空気（環境）が汚されていくことに気付くことができる。

(2)評価規準

知識・技能	思考・判断・表現	主体的に学習に取り組む態度
空気を汚している原因と，それを植物が浄化していることを理解している。	空気が汚れる仕組みについて，実験をもとに考えることができる。	空気の汚れについて，その解決に向け積極的に考えようとしている。

(3)単元の中の位置づけ

　本時は，今が地球を救うとき（第5学年　70単位時間）の第5，6時です。これまで，生活経験やテレビ，新聞等から環境問題，特に空気の汚れについて調べてきました。

　本時は，学校薬剤師の先生に協力を仰ぎ，担任（筆者）とのチームティーチングによる二酸化炭素の増加についての実験です。

　空気中には約400ppm（パーツ　パー　ミリオン）の二酸化炭素が存在し，この割合は次第に増えつつあるといわれています。1ppmは100万分の1ですから，％で表せば，1ppm ＝ 0.0001％です。したがって，空気中の二酸化炭素の割合400ppmは，0.04％ということになります。

　「呼吸は酸素を吸って二酸化炭素を吐き出す」と思っている児童がいますが，これは吸った酸素が全て二酸化炭素に変換されるということではありません。単元中に詳しく説明している時間的余裕はありませんが，疑問に思った児童がいるならば，これこそ探究的な学習として課題解決に取り組んでほしいと思います。二酸化炭素を吐き出していることは事実ですので，教室を締め切っておけば，二酸化炭素の割合は400ppmから次第に上昇します。そ

のままにしておけば，集中力の欠如や頭痛等の身体的な変化をもたらすことになりますので，時々換気をする必要があります。文部科学省の学校環境衛生管理マニュアルでは，二酸化炭素の割合の上限を 600 ppm と定めています。

　そこでまず，締め切った教室で授業を行い，二酸化炭素の割合が上昇することを確認します。安全を最優先としますので，健康を脅かすほどまで二酸化炭素の濃度を上げることはしません。

　この実験結果が検証されると，人間の呼気によって地球上の二酸化炭素濃度が上昇してしまうと考える児童がいます。しかし，この程度では地球上の二酸化炭素濃度は上昇しません。それは，植物が光合成によって，二酸化炭素を酸素に換えてくれるからです。本時の最後に，学校近くの神社に出かけます。そこは緑豊かで，空気がきれいであることを体全体で感じることができます。

　実験の後半では，化石燃料を燃焼させたときに排出される二酸化炭素濃度が莫大な量であることを知ります。産業革命以降，化石燃料を燃やすことによって人類の生活は飛躍的に便利になりました。しかし，そのことによって，空気が大きく汚れてしまいました。この事実から，児童は何かしらを感じてくれるでしょう。この先，64 時間続く「総合的な学習の時間」の探究的な学習の動機付けとして位置づけた本時は，児童の生活の仕方，生き方そのものにも一石が投じられるはずです。

(4)展開

学習活動及び ●予想される児童の反応	時間	A薬剤師の発言内容 B担任（筆者）の支援	評価規準
1. どんなときに空気の汚れを感じるか考える ●部屋を閉め切っているとき ●車の多い道路	 5	Aみなさんは環境問題特に地球温暖化が，空気の汚れと深く関わっていることを勉強したそうですが，今日は空気の汚れについて実際に実験してみましょう。 A普段みなさんはどんなときに空気が汚れているなあと感じますか。 B身近なもので考えさせる。	
2. 呼気による二酸化炭素濃度の上昇の実験をする＜実験1＞ ⑴現在の濃度の測定 ●注射器みたいだ ●1ppm＝0.0001％なんだね		Aこの器具は空気中の二酸化炭素の濃度を調べる器具です。 B実験器具に対して興味づける。 Aただ今の二酸化炭素の濃度は □ ppm です。 A空気の入れ換えをしないで部屋を閉め切ってみます。 A何もしなくても空気中には約 400 ppm の二酸化炭素があります。二酸化炭素は特別に害がある物質ではありませんが，増えすぎてしまうと温室効果ガスといって，地球の周りに集まって	

⑵10分後の測定 　●空気が汚れてくる 　●目で見ただけでは分からないね	35	地球の熱を逃がさなくなってしまいます。最近いわれる地球温暖化ですね。 Aただ今の二酸化炭素の濃度は□ppmです。 Bワークシートに記入させる。 A二酸化炭素濃度が少し上昇しました。このまま続けるとどうなってしまうと思いますか。 B子供たちと一緒に考える。 Aこのまま上昇を続けていくと，集中力がなくなってあくびをする人がでてきます。 B普段なぜ換気するのか，薬剤師の先生の説明をもとに確認する。	
⑶20分後の測定 　●ppmの数値が増えてきた 　●だから時々窓を開けるんだね		A窓を閉め切って20分経ちました。ただ今の二酸化炭素の濃度を調べてみましょう。濃度は□ppmです。 Bワークシートに記入させる。 Aこのように目には見えなくても空気が汚れているわけです。	
⑷30分後の測定 　　　＜実験2＞ 　●苦しい気がする 　●空気が汚れてきた気がする		A窓を閉め切って30分経ちました。ただ今の二酸化炭素の濃度は□ppmです。 Bワークシートに記入させる B呼気が結構空気を汚していることに触れる。 （有毒ではない）	・空気を汚している原因を理解している。（知）
3.　呼気以上に空気を汚しているものを考える 　●車の排気ガス 　●工場の煙突から出る煙	5	A呼気は，そんなに空気を汚すものではありません。なぜなら大昔から動物がいても空気はきれいでした。 A地球上で空気を汚すものは何でしょう。 Bそれは何か関心を高める。	
4.　車の排気ガスの二酸化炭素濃度を測る （ワークシート①） 　　　＜実験2＞ 　●1000ppm 　●5000ppm		B車を用意して排気ガスをビニル袋に入れる。安全に十分注意してBが行う。 A袋の中の二酸化炭素の濃度を測ってみます。 B何ppmくらいか予想させる。 B呼気の実験は30分だったけど，排ガスは一瞬であったことを補足する。	・空気が汚れる仕組みに

		10	A袋の中の二酸化炭素の濃度は □ ppm でした。	ついて，実
●すごい量だね			B数値があまりにも高いことに驚く。	験をもとに
●一瞬だったのにね			B便利だけど，人間の呼気に比べて車がいかに空	考えること
			気を汚しているかまとめる。	ができる。
				（思）
5．緑の実験をする			Aでも地球上には反対に二酸化炭素を減らしてく	
（ワークシート②）			れるものもあります。	
＜実験3＞			Bそれはなんだか知りたがる。	
●植物			Aそうです。植物です。今この部屋の二酸化炭素	
			濃度が □ ppm まで上がりましたが，ここに植	
			物を置いておくと二酸化炭素を吸収してくれて	
			二酸化炭素濃度が下がるのですよ。	
			Bえー！本当ですか。では，分かりやすいように	
			このビニル袋の中にこの部屋の二酸化炭素濃度	
			□ ppm の空気を入れます。ここに何か植物を	
			入れて少したって測ると，□ ppm より下がる	
		25	というわけですね。	
			B記録させながら実験の手順を説明する。	
			B経過時間を利用して，期間指導を行い，プリン	
			トを整理させる。	
			Aもういいでしょうか。袋の中の二酸化炭素濃度	
			を測ってみます。二酸化炭素の濃度は，□ ppm	
●本当だあ			です。	
●植物ってすごーい			B大きく驚く。	
			A植物が空気をきれいにしてくれる，ということ	・空気の汚れ
			が証明されました。	を植物が浄
			A木や植物がたくさんあると，空気がきれいだと	化している
			いうことです。	ことを理解
			Bそれで山は空気がおいしいわけですね。	している。
			A山まで行かなくても，近くに空気がおいしいと	（知）
			ころがあるじゃないですか。	
●校庭			Bどこですかといって辺りを見渡す。	
●加茂神社				
6．加茂神社の空気を吸			B加茂神社に移動する。	・空気の汚れ
いに行く			Aどんな気持ちになりますか。	について，
（ワークシート③）			A空気がきれいかどうか調べてみましょう。	その解決に
＜実験4＞			B測っている時間を使って，どうして気持ちがい	向け，積極
●落ち着く			いのか再度確認する。	的に考えよ

| ●気持ちがいい | 10 | A緑は人の心を落ち着かせる働きもあります。
Aさて，結果が出たようです。ここの二酸化炭素
　濃度は □ ppm です。やはり緑が多いところは
　空気がきれいですね。
Aでは気持ちがよい所で休み時間にしましょう。
B交通安全指導をする。
Bあいさつをする。 | うとしている。（主） |

5年＿＿＿組　なまえ＿＿＿＿＿＿＿＿

1．＜実験1＞
　部屋を閉め切ったときの二酸化炭素濃度の変化

閉 め 切 る 前	ｐｐｍ
閉め切り１０分後	ｐｐｍ
〃　　２０分後	ｐｐｍ
〃　　３０分後	ｐｐｍ

2．＜実験2＞
　人間の吐く息　　　　　　　（① 　　　　　　　　　）

| ｐｐｍ | ←比べてみよう→ | ｐｐｍ |

3．＜実験3＞

| ｐｐｍ | （② 　　　）を入れて10分後 | ｐｐｍ |

4．＜実験4＞
　（③ 　　　　　）の空気

| ｐｐｍ |

5．今日の授業の感想を書いてみましょう。

第3節　成果と課題

　この実践の後，児童に感想を書いてもらいました。また，家庭における節電の取組もあったことから，保護者にも任意で感想を寄せてもらいました。多くの保護者から感想をもらい，学校教育に対する関心とともに，環境への関心の高さを改めて感じました。成果と課題とともに原文で紹介します。

1　成果

- 身近な環境問題から取り上げることにより，児童は環境問題の存在を認識するようになった。
- 身に付けるべき基礎基本については，環境学習の土台と位置付け，共通学習でその定着を図ったことにより，児童は自ら課題を追究する方法を知り，継続して問題の解決に努めることができた。
- より便利な生活の追及が他の犠牲の上にあるという事実を知ることにより，児童は広い視点で物事を考えられるようになった。
- 学年通信や講座による保護者への啓発活動により，開かれた学校・開かれた教育を行うことができた。
- 一ヶ月にわたる節電の取組により，保護者の意識改革がされた。
- 関連する道徳の項目と連動させることにより，児童は共生の精神をもつようになった。
- 工場や事業所への見学について，環境を視点に行ったことにより，児童は環境問題について直接間接関係なく卑近に捉えるようになった。
- 自然を取り戻し環境を守るための植樹を行ったことにより，児童は自らの手で環境を守ることができることを自覚し，実践力を身に付けることに大きく近付いた。
- 個人テーマを保証したことにより，児童は自ら課題を見付けるきっかけをもつことができた。
- 課題探究の時間と場を設定したことにより，児童は自ら学び自ら考える姿勢をもった。
- 情報を収集する活動を広めていくことによって，児童自ら関係機関へ連絡をとる等，主体的に情報を得る術を知った。あわせて，電話のかけ方やもののたずね方等のマナーも身に付けた。
- 自分で追究した課題について，情報発信対象別のグループ毎に発信作業を行ったことにより，児童は情報の質と量の重要性について意識するようになった。
- 学習活動の取組について，基礎基本の定着を図った上で行ったことにより，児童は自ら課題を追究する方法を知り達成感と成就感を体得した。
- 児童は自己の利害を超えて地球人として在り方を考える感受性をもった。

2　課題

- 児童が取り組んだ研究の成果発表の場等，環境問題の解決に対する子供の純粋な心を，どう保証していくか。
- 環境を教科ではなく総合的な学習の時間の内容として扱うには，どこまで導くのか，何を教え何を考えさせるのか。

[　児童の感想（抜粋，原文のまま）]

- 環境の自由研究で，森林はどうしてなくなってしまうのかを研究して，森林はとても大事にしなくてはいけないんだなあと思いました。環境の学習をして，何が地球に悪いのか分かったような気がします。環境学習をやって良かったなあと思いました。
- ぼくは，温暖化はどのような環境問題なのかを，調べました。本や電話で調べたり，いっしょに環境問題を調べた友達と相談したりしました。すごく大変だったけど勉強になりました。
- 私は 5 年生になって環境に関係することをたくさん勉強しました。特に心に残っているのは，自由研究でした。いろんな人たちが私たちの作ったチラシを見てくれたらいいなと思いました。
- 私はオゾン層について勉強しました。オゾン層はフロンガスという物質によってこわされてしまって，うすくなったり穴をあけられたりしまいます。私はこれからスプレーを買うときにフロンガスを使っていないものを買おうと思いました。私は，環境の勉強をして良かったと思うことがあります。それは，私たちが環境問題について詳しくなったから，きっと家の人達も環境をはかいしないように気を付けてくれると思いました。これから環境問題がなくなってくれたらいいなと思いました。
- 環境学習で最初はよく分からないことばかりだったけど，調べていくうちに，いろいろなことがわかってきました。環境の勉強をして，リサイクルをするといいことが分かりました。これからリサイクルをしようと思いました。
- 二学期に環境学習でいろいろなことを調べました。環境問題についての本なども見て，紙にまとめました。最初のうちはどんなテーマにしようかなと少しなやんだけれど，いろいろなことが書いてあったので勉強になりました。ほかにもまだ知らないことがたくさんあると思うので，また環境について勉強したいと思いました。
- 最初は環境のことなどあまり関心がなかったのですが，勉強していくうちにだんだんくわしくなっていきとてもおもしろかったです。節電はあまり参加することができなくて大変でした。いくらのふ化には一番きょうみを持ちました。生まれるしゅんかんは見れ

なかったけど，とてもかわいくて小さい魚が生まれていたので，いのちってすごいなあと思いました。
・自由研究は，自分で資料を調べたのが良かった。また調べたいと思った。植物が二酸化炭素をすうなんてびっくりしました。

[　保護者の感想（抜粋，原文のまま）]

・最初はそんなに効果があるのかなという気持ちでしたが，節電できてうれしい気持ちになりました。私たちの小さな力でも環境を守る大きな力になれるんですね。これからも続けていきたいです。
・節電について子どもにずいぶん教えられました。コンセントを抜かれているのでいざ使おうとして不便な思いをしたことがたびたびありましたが，便利に慣れすぎて不必要に無駄な電力を使っている生活に反省させられました。今回の取り組みで子供と一緒に生活の中の無駄遣いについて見直してみる機会が得られ一緒に節電の努力をしてみて楽しかったです。
・実は私も 11 月の電気量の検針の日を秘かに心待ちにしていた者の一人です。というのは，どれだけの節電ができたかという期待感よりも，本当にたったこれだけの心がけが即電気量に反映されるものかどうか実際に確かめてみたかったからです。結局予想以上に大きな節電の効果があったことはとてもうれしい反面，逆に今まで何の問題意識もなくこんなに電気を浪費していた自分が情けなくなってしまいました。今回の取り組み，とても勉強になりました。ありがとうございました。

＜引用・参考文献＞

文部省　学習指導要領（試案）昭和 22 年

文部省　学習指導要領（試案）昭和 26 年

文部省　小学校学習指導要領　昭和 33 年

文部省　中学校学習指導要領　昭和 33 年

J.S.ブルーナー　教育の過程　1963　岩波書店

文部省　小学校学習指導要領　昭和 43 年

文部省　中学校学習指導要領　昭和 44 年

大日本図書　中学校新数学 2　昭和 47 年

大日本図書　中学校新数学 3　昭和 47 年

文部省　小学校学習指導要領　昭和 52 年

文部省　中学校学習指導要領　昭和 52 年

教育課程審議会「幼稚園，小学校，中学校及び高等学校の教育課程の基準の改善について」
　　　　　　　昭和 62 年 12 月

文部省　小学校学習指導要領　平成元年

文部省　中学校学習指導要領　平成元年

文部省　我が国の文教施策　生涯学習社会の課題と展望　―進む多様化と高度化―
　　　　平成 8 年度

中央教育審議会　第 15 期中央教育審議会　第一次答申　平成 8 年 7 月 19 日

教育課程審議会答申　平成 10 年 7 月 29 日

文部省　小学校学習指導要領　平成 10 年

文部省　中学校学習指導要領　平成 10 年

土屋修　佐々木隆宏　算数教育の基礎がわかる本　2019　学術図書出版社

文部科学省　小学校学習指導要領　平成 15 年一部改正

文部科学省　中学校学習指導要領　平成 15 年一部改正

文部科学省　小学校学習指導要領　平成 20 年

文部科学省　中学校学習指導要領　平成 20 年

文部科学省　小学校学習指導要領解説　総合的な学習の時間編　平成 20 年

文部科学省　中学校学習指導要領解説　総合的な学習の時間編　平成 20 年

文部科学省　（小学校編）今，求められる力を高める総合的な学習の時間の展開
　　　　　　　平成 22 年 11 月

文部科学省　（中学校編）今，求められる力を高める総合的な学習の時間の展開
　　　　　　　平成 22 年 11 月

中央教育審議会　教育課程企画特別部会　論点整理　平成 27 年 8 月 26 日

中央教育審議会　答申「幼稚園，小学校，中学校，高等学校及び特別支援学校の学習指導要
　　　　　　　領の改善及び必要な方策等について」　平成 28 年 12 月 21 日

文部科学省　小学校学習指導要領　平成 29 年

文部科学省　中学校学習指導要領　平成 29 年

文部科学省　小学校学習指導要領解説　総合的な学習の時間編　平成 29 年

文部科学省　中学校学習指導要領解説　総合的な学習の時間編　平成 29 年

文部科学大臣決定「GIGA スクール実現推進本部の設置について」令和元年 12 月 19 日

文部科学省　「新型コロナウイルス感染症対策のための学校の臨時休業に関連した公立学校
　　　　　　における学習指導等の取組状況について」　令和 2 年 4 月 16 日

文部科学省初等中等教育局長通知　「小学校，中学校，高等学校及び特別支援学校等におけ
　　　　　　　　　　　　　　　　る児童生徒の学習評価及び指導要録の改善等について」
　　　　　　　　　　　　　　　　平成 31 年 1 月 21 日

文部科学省　学校環境衛生管理マニュアル　平成 30 年度

教育基本法（抄）

平成十八年十二月二十二日法律第百二十号

　我々日本国民は，たゆまぬ努力によって築いてきた民主的で文化的な国家を更に発展させるとともに，世界の平和と人類の福祉の向上に貢献することを願うものである。

　我々は，この理想を実現するため，個人の尊厳を重んじ，真理と正義を希求し，公共の精神を尊び，豊かな人間性と創造性を備えた人間の育成を期するとともに，伝統を継承し，新しい文化の創造を目指す教育を推進する。

　ここに，我々は，日本国憲法の精神にのっとり，我が国の未来を切り拓く教育の基本を確立し，その振興を図るため，この法律を制定する。

第一章　教育の目的及び理念

（教育の目的）

第一条　教育は，人格の完成を目指し，平和で民主的な国家及び社会の形成者として必要な資質を備えた心身ともに健康な国民の育成を期して行われなければならない。

（教育の目標）

第二条　教育は，その目的を実現するため，学問の自由を尊重しつつ，次に掲げる目標を達成するよう行われるものとする。

　一　幅広い知識と教養を身に付け，真理を求める態度を養い，豊かな情操と道徳心を培うとともに，健やかな身体を養うこと。

　二　個人の価値を尊重して，その能力を伸ばし，創造性を培い，自主及び自律の精神を養うとともに，職業及び生活との関連を重視し，勤労を重んずる態度を養うこと。

　三　正義と責任，男女の平等，自他の敬愛と協力を重んずるとともに，公共の精神に基づき，主体的に社会の形成に参画し，その発展に寄与する態度を養うこと。

　四　生命を尊び，自然を大切にし，環境の保全に寄与する態度を養うこと。

　五　伝統と文化を尊重し，それらをはぐくんできた我が国と郷土を愛するとともに，他国を尊重し，国際社会の平和と発展に寄与する態度を養うこと。

（生涯学習の理念）

第三条　国民一人一人が，自己の人格を磨き，豊かな人生を送ることができるよう，その生涯にわたって，あらゆる機会に，あらゆる場所において学習することができ，その成果を適切に生かすことのできる社会の実現が図られなければならない。

（教育の機会均等）

第四条　すべて国民は，ひとしく，その能力に応じた教育を受ける機会を与えられなければならず，人種，信条，性別，社会的身分，経済的地位又は門地によって，教育上差別されない。

2　国及び地方公共団体は，障害のある者が，その障害の状態に応じ，十分な教育を受けられるよう，教育上必要な支援を講じなければならない。

3　国及び地方公共団体は，能力があるにもかかわらず，経済的理由によって修学が困難な者に対して，奨学の措置を講じなければならない。

第二章　教育の実施に関する基本

（義務教育）

第五条　国民は，その保護する子に，別に法律で定めるところにより，普通教育を受けさせる義務を負う。

2　義務教育として行われる普通教育は，各個人の有する能力を伸ばしつつ社会において自立的に生きる基礎を培い，また，国家及び社会の形成者として必要とされる基本的な資質を養うことを目的として行われるものとする。

3　国及び地方公共団体は，義務教育の機会を保障し，その水準を確保するため，適切な役割分担及び相互の協力の下，その実施に責任を負う。

4　国又は地方公共団体の設置する学校における義務教育については，授業料を徴収しない。

（学校教育）

第六条　法律に定める学校は，公の性質を有するものであって，国，地方公共団体及び法律に定める法人のみが，これを設置することができる。

2　前項の学校においては，教育の目標が達成されるよう，教育を受ける者の心身の発達に応じて，体系的な教育が組織的に行われなければならない。この場合において，教育を受ける者が，学校生活を営む上で必要な規律を重んずるとともに，自ら進んで学習に取り組む意欲を高めることを重視して行われなければならない。

（家庭教育）

第十条　父母その他の保護者は，子の教育について第一義的責任を有するものであって，生活のために必要な習慣を身に付けさせるとともに，自立心を育成し，心身の調和のとれた発達を図るよう努めるものとする。

2　国及び地方公共団体は，家庭教育の自主性を尊重しつつ，保護者に対する学習の機会及び情報の提供その他の家庭教育を支援するために必要な施策を講ずるよう努めなければならない。

（幼児期の教育）

第十一条　幼児期の教育は，生涯にわたる人格形成の基礎を培う重要なものであることにかんがみ，国及び地方公共団体は，幼児の健やかな成長に資する良好な環境の整備その他適当な方法によって，その振興に努めなければならない。

（学校，家庭及び地域住民等の相互の連携協力）

第十三条　学校，家庭及び地域住民その他の関係者は，教育におけるそれぞれの役割と責任を自覚するとともに，相互の連携及び協力に努めるものとする。

学校教育法（抄）

昭和二十二年三月三十一日法律第二十六号
一部改正：平成二十九年五月三十一日法律第四十一号

第二章　義務教育

第二十一条　義務教育として行われる普通教育は，教育基本法(平成十八年法律第百二十号)第五条第二項に規定する目的を実現するため，次に掲げる目標を達成するよう行われるものとする。

　一　学校内外における社会的活動を促進し，自主，自律及び協同の精神，規範意識，公正な判断力並びに公共の精神に基づき主体的に社会の形成に参画し，その発展に寄与する態度を養うこと。

　二　学校内外における自然体験活動を促進し，生命及び自然を尊重する精神並びに環境の保全に寄与する態度を養うこと。

　三　我が国と郷土の現状と歴史について，正しい理解に導き，伝統と文化を尊重し，それらをはぐくんできた我が国と郷土を愛する態度を養うとともに，進んで外国の文化の理解を通じて，他国を尊重し，国際社会の平和と発展に寄与する態度を養うこと。

　四　家族と家庭の役割，生活に必要な衣，食，住，情報，産業その他の事項について基礎的な理解と技能を養うこと。

　五　読書に親しませ，生活に必要な国語を正しく理解し，使用する基礎的な能力を養うこと。

　六　生活に必要な数量的な関係を正しく理解し，処理する基礎的な能力を養うこと。

　七　生活にかかわる自然現象について，観察及び実験を通じて，科学的に理解し，処理する基礎的な能力を養うこと。

　八　健康，安全で幸福な生活のために必要な習慣を養うとともに，運動を通じて体力を養い，心身の調和的発達を図ること。

　九　生活を明るく豊かにする音楽，美術，文芸その他の芸術について基礎的な理解と技能を養うこと。

　十　職業についての基礎的な知識と技能，勤労を重んずる態度及び個性に応じて将来の進路を選択する能力を養うこと。

第四章　小学校

第二十九条　小学校は，心身の発達に応じて，義務教育として行われる普通教育のうち基礎的なものを施すことを目的とする。

第三十条　小学校における教育は，前条に規定する目的を実現するために必要な程度において第二十一条各号に掲げる目標を達成するよう行われるものとする。

②　前項の場合においては，生涯にわたり学習する基盤が培われるよう，基礎的な知識及び技能を習得させるとともに，これらを活用して課題を解決するために必要な思考力，判断力，表現力その他の能力をはぐくみ，主体的に学習に取り組む態度を養うことに，特に意を用いなければならない。

第三十一条　小学校においては，前条第一項の規定による目標の達成に資するよう，教育指導を行うに当たり，児童の体験的な学習活動，特にボランティア活動など社会奉仕体験活動，自然体験活動その他の体験活動の充実に努めるものとする。この場合において，社会教育関係団体その他の関係団体及び関係機関との連携に十分配慮しなければならない。

第五章　中学校

第四十五条　中学校は，小学校における教育の基礎の上に，心身の発達に応じて，義務教育として行われる普通教育を施すことを目的とする。

第四十六条　中学校における教育は，前条に規定する目的を実現するため，第二十一条各号に掲げる目標を達成するよう行われるものとする。

第四十九条　第三十条第二項，第三十一条，第三十四条，第三十五条及び第三十七条から第四十四条までの規定は，中学校に準用する。この場合において，第三十条第二項中「前項」とあるのは「第四十六条」と，第三十一条中「前条第一項」とあるのは「第四十六条」と読み替えるものとする。

第八章　特別支援教育

第八十一条　幼稚園，小学校，中学校，義務教育学校，高等学校及び中等教育学校においては，次項各号のいずれかに該当する幼児，児童及び生徒その他教育上特別の支援を必要とする幼児，児童及び生徒に対し，文部科学大臣の定めるところにより，障害による学習上又は生活上の困難を克服するための教育を行うものとする。

②　小学校，中学校，義務教育学校，高等学校及び中等教育学校には，次の各号のいずれかに該当する児童及び生徒のために，特別支援学級を置くことができる。

　一　知的障害者
　二　肢体不自由者
　三　身体虚弱者
　四　弱視者
　五　難聴者
　六　その他障害のある者で，特別支援学級において教育を行うことが適当なもの

③　前項に規定する学校においては，疾病により療養中の児童及び生徒に対して，特別支援学級を設け，又は教員を派遣して，教育を行うことができる。

学校教育法施行規則（抄）

昭和二十二年五月二十三日文部省令第十一号
一部改正：平成二十九年三月三十一日文部科学省令第二十号

第四章　小学校

第五十条　小学校の教育課程は，国語，社会，算数，理科，生活，音楽，図画工作，家庭，体育及び外国語の各教科（以下この節において「各教科」という。），特別の教科である道徳，外国語活動，総合的な学習の時間並びに特別活動によつて編成するものとする。

2　私立の小学校の教育課程を編成する場合は，前項の規定にかかわらず，宗教を加えることができる。この場合においては，宗教をもつて前項の特別の教科である道徳に代えることができる。

第五十一条　小学校（第五十二条の二第二項に規定する中学校連携型小学校及び第七十九条の九第二項に規定する中学校併設型小学校を除く。）の各学年における各教科，道徳，外国語活動，総合的な学習の時間及び特別活動のそれぞれの授業時数並びに各学年におけるこれらの総授業時数は，別表第一に定める授業時数を標準とする。

第五章　中学校

第七十二条　中学校の教育課程は，国語，社会，数学，理科，音楽，美術，保健体育，技術・家庭及び外国語の各教科（以下本章及び第七章中「各教科」という。），特別の教科である道徳，総合的な学習の時間並びに特別活動によつて編成するものとする。

第七十三条　中学校（併設型中学校，第七十四条の二第二項に規定する小学校連携型中学校，第七十五条第二項に規定する連携型中学校及び第七十九条の九第二項に規定する小学校併設型中学校を除く。）の各学年における各教科，特別の教科である道徳，総合的な学習の時間及び特別活動のそれぞれの授業時数並びに各学年におけるこれらの総授業時数は，別表第二に定める授業時数を標準とする。

第八章　特別支援教育

第百三十八条　小学校，中学校若しくは義務教育学校又は中等教育学校の前期課程における特別支援学級に係る教育課程については，特に必要がある場合は，第五十条第一項（第七十九条の六第一項において準用する場合を含む。），第五十一条，第五十二条（第七十九条の六第一項において準用する場合を含む。），第五十二条の三，第七十二条（第七十九条の六第二項及び第百八条第一項において準用する場合を含む。），第七十三条，第七十四条（第七十九条の六第二項及び第百八条第一項において準用する場合を含む。），第七十四条の三，第七十六条，第七十九条の五（第七十九条の十二において準用する場合を含む。）及び第百七条（第百十七条において準用する場合を含む。）の規定にかかわらず，特別の教育課程によることができる。

別表第一（第五十一条関係）

区　　分		第１学年	第２学年	第３学年	第４学年	第５学年	第６学年
教　科	国語	306	315	245	245	175	175
	社会			70	90	100	105
	算数	136	175	175	175	175	175
	理科			90	105	105	105
	生活	102	105				
	音楽	68	70	60	60	50	50
	図画工作	68	70	60	60	50	50
	家庭					60	55
	体育	102	105	105	105	90	90
	外国語					70	70
特別の教科である道徳		34	35	35	35	35	35
外国語活動				35	35		
総合的な学習の時間				70	70	70	70
特別活動		34	35	35	35	35	35
総授業時数		850	910	980	1015	1015	1015

備考　　一　この表の授業時数の一単位時間は，四十五分とする。
　　　　二　特別活動の授業時数は，小学校学習指導要領で定める学級活動（学校給食に係るものを除く。）に充てるものとする。
　　　　三　第五十条第二項の場合において，特別の教科である道徳のほかに宗教を加えるときは，宗教の授業時数をもつてこの表の特別の教科である道徳の授業時数の一部に代えることができる。（別表第二及び別表第四の場合においても同様とする。）

別表第二（第七十三条関係）

区　　分		第１学年	第２学年	第３学年
教　科	国語	140	140	105
	社会	105	105	140
	数学	140	105	140
	理科	105	140	140
	音楽	45	35	35
	美術	45	35	35
	保健体育	105	105	105
	技術・家庭	70	70	35
	外国語	140	140	140
特別の教科である道徳		35	35	35
総合的な学習の時間		50	70	70
特別活動		35	35	35
総授業時数		1015	1015	1015

備考　　一　この表の授業時数の一単位時間は，五十分とする。
　　　　二　特別活動の授業時数は，中学校学習指導要領で定める学級活動（学校給食に係るものを除く。）に充てるものとする。

小学校学習指導要領（平成29年告示）

第5章　総合的な学習の時間

○第1　目標

　探究的な見方・考え方を働かせ，横断的・総合的な学習を行うことを通して，よりよく課題を解決し，自己の生き方を考えていくための資質・能力を次のとおり育成することを目指す。

⑴　探究的な学習の過程において，課題の解決に必要な知識及び技能を身に付け，課題に関わる概念を形成し，探究的な学習のよさを理解するようにする。

⑵　実社会や実生活の中から問いを見いだし，自分で課題を立て，情報を集め，整理・分析して，まとめ・表現することができるようにする。

⑶　探究的な学習に主体的・協働的に取り組むとともに，互いのよさを生かしながら，積極的に社会に参画しようとする態度を養う。

○第2　各学校において定める目標及び内容

1　目　標

　各学校においては，第1の目標を踏まえ，各学校の総合的な学習の時間の目標を定める。

2　内　容

　各学校においては，第1の目標を踏まえ，各学校の総合的な学習の時間の内容を定める。

3　各学校において定める目標及び内容の取扱い

　各学校において定める目標及び内容の設定に当たっては，次の事項に配慮するものとする。

⑴　各学校において定める目標については，各学校における教育目標を踏まえ，総合的な学習の時間を通して育成を目指す資質・能力を示すこと。

⑵　各学校において定める目標及び内容については，他教科等の目標及び内容との違いに留意しつつ，他教科等で育成を目指す資質・能力との関連を重視すること。

⑶　各学校において定める目標及び内容については，日常生活や社会との関わりを重視すること。

⑷　各学校において定める内容については，目標を実現するにふさわしい探究課題，探究課題の解決を通して育成を目指す具体的な資質・能力を示すこと。

⑸　目標を実現するにふさわしい探究課題については，学校の実態に応じて，例えば，国際理解，情報，環境，福祉・健康などの現代的な諸課題に対応する横断的・総合的な課題，地域の人々の暮らし，伝統と文化など地域や学校の特色に応じた課題，児童の興味・関心に基づく課題などを踏まえて設定すること。

⑹　探究課題の解決を通して育成を目指す具体的な資質・能力については，次の事項に配慮すること。

　　ア　知識及び技能については，他教科等及び総合的な学習の時間で習得する知識及び技能が相互に関連付けられ，社会の中で生きて働くものとして形成されるようにすること。

　　イ　思考力，判断力，表現力等については，課題の設定，情報の収集，整理・分析，まとめ・表現などの探究的な学習の過程において発揮され，未知の状況において活用できるものとして身に付けられるようにすること。

　　ウ　学びに向かう力，人間性等については，自分自身に関すること及び他者や社会との関わりに関することの両方の視点を踏まえること。

⑺　目標を実現するにふさわしい探究課題及び探究課題の解決を通して育成を目指す具体的な資質・能力については，教科等を越えた全ての学習の基盤となる資質・能力が育まれ，活用されるものとなるよう配慮すること。

○第3　指導計画の作成と内容の取扱い

1　指導計画の作成に当たっては，次の事項に配慮するものとする。

　⑴　年間や，単元など内容や時間のまとまりを見通して，その中で育む資質・能力の育成に向けて，児童の主体的・対話的で深い学びの実現を図るようにすること。その際，児童や学校，地域の実態等に応じて，児童が探究的な見方・考え方を働かせ，教科等の枠を超えた横断的・総合的な学習や児童の興味・関心等に基づく学習を行うなど創意工夫を生かした教育活動の充実を図ること。

　⑵　全体計画及び年間指導計画の作成に当たっては，学校における全教育活動との関連の下に，目標及び内容，学習活動，指導方法や指導体制，学習の評価の計画などを示すこと。

　⑶　他教科等及び総合的な学習の時間で身に付けた資質・能力を相互に関連付け，学習や生活において生かし，それらが総合的に働くようにすること。その際，言語能力，情報活用能力など全ての学習の基盤となる資質・能力を重視すること。

　⑷　他教科等の目標及び内容との違いに留意しつつ，第1の目標並びに第2の各学校において定める目標及び内容を踏まえた適切な学習活動を行うこと。

　⑸　各学校における総合的な学習の時間の名称については，各学校において適切に定めること。

　⑹　障害のある児童などについては，学習活動を行う場合に生じる困難さに応じた指導内容や指導方法の工夫を計画的，組織的に行うこと。

　⑺　第1章総則の第1の2の⑵に示す道徳教育の目標に基づき，道徳科などとの関連

を考慮しながら，第3章特別の教科道徳の第2に示す内容について，総合的な学習の時間の特質に応じて適切な指導をすること。

2　第2の内容の取扱いについては，次の事項に配慮するものとする。
　⑴　第2の各学校において定める目標及び内容に基づき，児童の学習状況に応じて教師が適切な指導を行うこと。
　⑵　探究的な学習の過程においては，他者と協働して課題を解決しようとする学習活動や，言語により分析し，まとめたり表現したりするなどの学習活動が行われるようにすること。その際，例えば，比較する，分類する，関連付けるなどの考えるための技法が活用されるようにすること。
　⑶　探究的な学習の過程においては，コンピュータや情報通信ネットワークなどを適切かつ効果的に活用して，情報を収集・整理・発信するなどの学習活動が行われるよう工夫すること。その際，コンピュータで文字を入力するなどの学習の基盤として必要となる情報手段の基本的な操作を習得し，情報や情報手段を主体的に選択し活用できるよう配慮すること。
　⑷　自然体験やボランティア活動などの社会体験，ものづくり，生産活動などの体験活動，観察・実験，見学や調査，発表や討論などの学習活動を積極的に取り入れること。
　⑸　体験活動については，第1の目標並びに第2の各学校において定める目標及び内容を踏まえ，探究的な学習の過程に適切に位置付けること。
　⑹　グループ学習や異年齢集団による学習などの多様な学習形態，地域の人々の協力も得つつ，全教師が一体となって指導に当たるなどの指導体制について工夫を行うこと。
　⑺　学校図書館の活用，他の学校との連携，公民館，図書館，博物館等の社会教育施設や社会教育関係団体等の各種団体との連携，地域の教材や学習環境の積極的な活用などの工夫を行うこと。
　⑻　国際理解に関する学習を行う際には，探究的な学習に取り組むことを通して，諸外国の生活や文化などを体験したり調査したりするなどの学習活動が行われるようにすること。
　⑼　情報に関する学習を行う際には，探究的な学習に取り組むことを通して，情報を収集・整理・発信したり，情報が日常生活や社会に与える影響を考えたりするなどの学習活動が行われるようにすること。第1章総則の第3の1の⑶のイに掲げるプログラミングを体験しながら論理的思考力を身に付けるための学習活動を行う場合には，プログラミングを体験することが，探究的な学習の過程に適切に位置付くようにすること。

中学校学習指導要領（平成29年告示）

第4章　総合的な学習の時間

○第1　目標

　探究的な見方・考え方を働かせ，横断的・総合的な学習を行うことを通して，よりよく課題を解決し，自己の生き方を考えていくための資質・能力を次のとおり育成することを目指す。

　⑴　探究的な学習の過程において，課題の解決に必要な知識及び技能を身に付け，課題に関わる概念を形成し，探究的な学習のよさを理解するようにする。

　⑵　実社会や実生活の中から問いを見いだし，自分で課題を立て，情報を集め，整理・分析して，まとめ・表現することができるようにする。

　⑶　探究的な学習に主体的・協働的に取り組むとともに，互いのよさを生かしながら，積極的に社会に参画しようとする態度を養う。

○第2　各学校において定める目標及び内容

1　目　標

　　各学校においては，第1の目標を踏まえ，各学校の総合的な学習の時間の目標を定める。

2　内　容

　　各学校においては，第1の目標を踏まえ，各学校の総合的な学習の時間の内容を定める。

3　各学校において定める目標及び内容の取扱い

　　各学校において定める目標及び内容の設定に当たっては，次の事項に配慮するものとする。

　⑴　各学校において定める目標については，各学校における教育目標を踏まえ，総合的な学習の時間を通して育成を目指す資質・能力を示すこと。

　⑵　各学校において定める目標及び内容については，他教科等の目標及び内容との違いに留意しつつ，他教科等で育成を目指す資質・能力との関連を重視すること。

　⑶　各学校において定める目標及び内容については，日常生活や社会との関わりを重視すること。

　⑷　各学校において定める内容については，目標を実現するにふさわしい探究課題，探究課題の解決を通して育成を目指す具体的な資質・能力を示すこと。

(5)　目標を実現するにふさわしい探究課題については，学校の実態に応じて，例えば，国際理解，情報，環境，福祉・健康などの現代的な諸課題に対応する横断的・総合的な課題，地域や学校の特色に応じた課題，生徒の興味・関心に基づく課題，職業や自己の将来に関する課題などを踏まえて設定すること。

(6)　探究課題の解決を通して育成を目指す具体的な資質・能力については，次の事項に配慮すること。

　　ア　知識及び技能については，他教科等及び総合的な学習の時間で習得する知識及び技能が相互に関連付けられ，社会の中で生きて働くものとして形成されるようにすること。

　　イ　思考力，判断力，表現力等については，課題の設定，情報の収集，整理・分析，まとめ・表現などの探究的な学習の過程において発揮され，未知の状況において活用できるものとして身に付けられるようにすること。

　　ウ　学びに向かう力，人間性等については，自分自身に関すること及び他者や社会との関わりに関することの両方の視点を踏まえること。

(7)　目標を実現するにふさわしい探究課題及び探究課題の解決を通して育成を目指す具体的な資質・能力については，教科等を越えた全ての学習の基盤となる資質・能力が育まれ，活用されるものとなるよう配慮すること。

○第3　指導計画の作成と内容の取扱い

1　指導計画の作成に当たっては，次の事項に配慮するものとする。

(1)　年間や，単元など内容や時間のまとまりを見通して，その中で育む資質・能力の育成に向けて，生徒の主体的・対話的で深い学びの実現を図るようにすること。その際，生徒や学校，地域の実態等に応じて，生徒が探究的な見方・考え方を働かせ，教科等の枠を超えた横断的・総合的な学習や生徒の興味・関心等に基づく学習を行うなど創意工夫を生かした教育活動の充実を図ること。

(2)　全体計画及び年間指導計画の作成に当たっては，学校における全教育活動との関連の下に，目標及び内容，学習活動，指導方法や指導体制，学習の評価の計画などを示すこと。その際，小学校における総合的な学習の時間の取組を踏まえること。

(3)　他教科等及び総合的な学習の時間で身に付けた資質・能力を相互に関連付け，学習や生活において生かし，それらが総合的に働くようにすること。その際，言語能力，情報活用能力など全ての学習の基盤となる資質・能力を重視すること。

(4)　他教科等の目標及び内容との違いに留意しつつ，第1の目標並びに第2の各学校において定める目標及び内容を踏まえた適切な学習活動を行うこと。

(5)　各学校における総合的な学習の時間の名称については，各学校において適切に定めること。

(6)　障害のある生徒などについては，学習活動を行う場合に生じる困難さに応じた指導内容や指導方法の工夫を計画的，組織的に行うこと。

(7)　第1章総則の第1の2の(2)に示す道徳教育の目標に基づき，道徳科などとの関連

を考慮しながら，第3章特別の教科道徳の第2に示す内容について，総合的な学習の時間の特質に応じて適切な指導をすること。

2　第2の内容の取扱いについては，次の事項に配慮するものとする。

(1)　第2の各学校において定める目標及び内容に基づき，生徒の学習状況に応じて教師が適切な指導を行うこと。

(2)　探究的な学習の過程においては，他者と協働して課題を解決しようとする学習活動や，言語により分析し，まとめたり表現したりするなどの学習活動が行われるようにすること。その際，例えば，比較する，分類する，関連付けるなどの考えるための技法が活用されるようにすること。

(3)　探究的な学習の過程においては，コンピュータや情報通信ネットワークなどを適切かつ効果的に活用して，情報を収集・整理・発信するなどの学習活動が行われるよう工夫すること。その際，情報や情報手段を主体的に選択し活用できるよう配慮すること。

(4)　自然体験や職場体験活動，ボランティア活動などの社会体験，ものづくり，生産活動などの体験活動，観察・実験，見学や調査，発表や討論などの学習活動を積極的に取り入れること。

(5)　体験活動については，第1の目標並びに第2の各学校において定める目標及び内容を踏まえ，探究的な学習の過程に適切に位置付けること。

(6)　グループ学習や異年齢集団による学習などの多様な学習形態，地域の人々の協力も得つつ，全教師が一体となって指導に当たるなどの指導体制について工夫を行うこと。

(7)　学校図書館の活用，他の学校との連携，公民館，図書館，博物館等の社会教育施設や社会教育関係団体等の各種団体との連携，地域の教材や学習環境の積極的な活用などの工夫を行うこと。

(8)　職業や自己の将来に関する学習を行う際には，探究的な学習に取り組むことを通して，自己を理解し，将来の生き方を考えるなどの学習活動が行われるようにすること。

著者紹介

土屋　修（つちや　おさむ）

1959 年 群馬県に生まれる
1981 年 群馬大学教育学部 卒業
1981 年 群馬県新田郡新田町立綿打中学校教諭
1984 年 群馬県太田市立東中学校教諭
1992 年 太田市立休泊小学校教諭
2000 年 太田市立西中学校教諭
2003 年 太田市教育委員会 学校指導課 指導係 指導主事
2007 年 太田市立中央小学校教頭
2009 年 太田市教育委員会 学校指導課 教職員係 係長
2010 年 太田市教育委員会 学校教育課 教職員係 係長
2011 年 太田市教育委員会 学校教育課 指導係 係長
2012 年 太田市立生品小学校校長
2015 年 太田市立中央小学校校長
　この間，
　1994 年 群馬大学大学院教科教育専攻数学教育専修修士課程 修了
　1996 年 群馬大学教育学部 実地指導講師（〜2015 年）
2016 年 東京福祉大学保育児童学部 教授
　　現在に至る

「総合的な学習の時間」の理論と実際

2021 年 1 月 20 日　第 1 版　第 1 刷　印刷
2021 年 1 月 30 日　第 1 版　第 1 刷　発行

著　　者　　土屋　修
発 行 者　　発田和子
発 行 所　　株式会社　学術図書出版社

〒113-0033　東京都文京区本郷 5 丁目 4 の 6
TEL 03-3811-0889　振替 00110-4-28454
印刷　三和印刷 (株)